무노쌤의 쉽게 배우는 정보융합교육 시리즈 2

알기 쉽게 배우는

3D 프린터

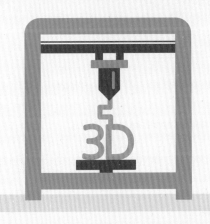

이 문 호 지음

바로세움

알기 쉽게 배우는
3D 프린터

초판 1쇄 인쇄 | 2017년 6월 19일
초판 1쇄 발행 | 2017년 6월 19일

지은이 | 이문호
펴낸이 | 최현혜
사진 및 그림 | 아트반
펴낸곳 | ㈜아리수에듀
출판신고 | 제2016-000019호

바로세움은 ㈜아리수에듀의 출판 브랜드입니다.

주 소 | 서울시 관악구 은천로 10길 25, B1(봉천동)
전 화 | 02)878-4391
팩 스 | 02)878-4392
홈페이지 | www.arisuedu.co.kr

ISBN   978-89-93307-93-1 | 03000

국립중앙도서관 출판예정도서목록(CIP)

(알기 쉽게 배우는) 3D 프린터 / 지은이: 이문호.
서울 : 바로세움 : 아리수에듀, 2017
    p. ;   cm. ——
(무노쌤의 쉽게 배우는 정보융합교육 시리즈 ; 2)

바로세움은 아리수에듀의 출판 브랜드임
ISBN 978-89-93307-93-1 03000 : ₩13000

3D 프린터[3D printer]

004.76-KDC6
006.6-DDC23   CIP2017012986

이 도서의 국립중앙도서관 출판예정도서목록(CIP)은 서지정보유통지원시스템 홈페이지(http://seoji.nl.go.kr)와
국가자료공동목록시스템(http://www.nl.go.kr/kolisnet)에서 이용하실 수 있습니다. (CIP제어번호 : CIP2017012986)

알기 쉽게 배우는

3D 프린터

이 문 호 지음

바로세움

추천사

인쇄의 발명으로 사람들이 지식을 공유하고 확산될 수 있는 방법을 찾게 되어 많은 사회적 변화를 갖고 올 수 있게 되었다. 이제는 종이에 인쇄되던 2D 디지털 기술이 3차원으로 인쇄가 가능한 시대에 접어들어 또 다른 사회적 변화를 예고하고 있다.

사람들의 3D에 대한 생각을 2D 출력장치에 의존하여 표현되던 시대에서 본격적으로 입체화된 구체물로 결과물을 얻을 수 있는 기술 발전은 Makers 운동을 낳게 되었다. 일반인들이 3D 프린터 등을 이용해 제품을 직접 만드는 1인 제조기업 세상의 도래를 이야기한 크리스 앤더슨은 디지털 기술을 사용해 거대한 공장을 언제든지 원하는 만큼 이용할 수 있다고 한다.

미국 MIT와 실리콘 밸리에서 시작된 메이커스 운동의 대표격인 3D 프린팅을 위해서는 기초적인 모델링 기능을 익히고, 스스로 디자인 하며, 공유공간을 활용하여 서로의 작품을 교류하고, 직접 출력해 볼 수 있는 기능을 갖추어야 한다. 스스로의 필요에 따라 3D 모델링 도구를 사용하여 모델링 파일을 만들고, 3D 모델링 파일을 서로 공유하여 3D를 출력할 수 있는 과정에서 SW 프로그래밍 방법으로 모델링과정을 융합하여 제시할 수 있다면 4차 산업혁명의 핵심역량을 길러 낼 수 있는 기회가 될 수 있을 것이다.

한국정부에서도 세계적인 흐름에 맞추어 전국에 "무한상상실"을 설치하여 국민들 누구나 3D프린터를 활용할 수 있는 공간과 기회를 제공하고 있다. 다양한 분야에서 활용될 수 있는 가능성을 현실화 할 수 있는 방법을 체험할 수 있다. 뿐만 아니라 학교현장에서도 이러한 흐름에 맞추어 동아리, 연구학교 등의 방법으로 3D프린터에 대한 인식을 학생들에게 전달하고자 노력하고 있다.

학생들의 꿈과 상상을 3D 프린팅으로 현실화 시킬 수 있게 많은 기회를 제공하고 발전시켜야 하는 교육자의 의무는 보다 창의적이고 융합적인 학생들을 만들어 낼 수 있는 기반이 될 것이다.

성균관대학교 컴퓨터교육과
교수 **김 미 량**

추천사

컴퓨터와 ICT 활용의 전문가이신 이문호 선생님은 컴퓨터교육학 박사학위를 갖고 초등학교에서 꾸준히 컴퓨터와 관련된 연구화 활동을 해 왔습니다. ICT 분야에서부터 현재 Smart교육, S/W교육에 이르기까지 폭 넓게 학교현장에 컴퓨터교육활동을 적용시키기 위해 많은 노력을 했습니다.

본교 백석초등학교에서도 5,6학년 S/W교육활동과 S/W교육 동아리 활동을 맡아 재미있고, 학교현장에 활용가능성이 높은 여러 가지 수업방법들을 연구하는 선도적인 교사입니다.

이번 3D프린터 교재 집필을 통하여 초등학생들이 좀 더 메이커스 교육활동에 관심을 갖고 다양한 방법으로 S/W교육활동을 접할 수 있는 기회가 될 수 있을 것입니다.

4차 산업혁명에 대비하여 초등학교에서도 3D 프린터를 통하여 3D 프린터의 기본 동작 원리와 모델링 작업으로 수학, 과학, 미술 등과 같은 교과활동과 연계하여 수업활동이 가능하고, S/W교육활동과 접목하여 문제해결능력을 기를 수 있도록 구성되어 있어 아이들의 상상력을 현실화 시켜줄 수 있는 교재로 추천합니다.

3D 프린터교육을 통하여 단순한 흥미수준에서 그치지 않고, 공유하고 응용하고 새로운 창작물을 만들고자 하는 동기를 부여할 수 있으며 스스로 제작하고자 하는 태도를 지녀, 창작의욕을 높일 수 있어 바람직한 교육활동에 많은 도움이 될 수 있으리라 생각합니다.

  앞으로도 ICT, Smart, S/W교육과 관련된 교재를 계속해서 집필하여 출판 한다면 초등학교 교육 발전에 많은 도움이 되리라 생각합니다.

서울백석초등학교

교장 **황 늠 이**

4차 산업혁명의 파급효과로 다양한 분야의 기술혁명이 일어나고 있습니다. 짧은 시간 동안 인터넷이 이루었던 변화는 콘텐츠와 서비스 등 통신망 서비스 기반 위에 생산과 유통이 되는 가상재화(Virtual Goods)시장에서 이루어져 왔습니다. 하지만 앞으로는 직접 물건을 생산할 수 있는 제조업까지 혁신적으로 바꾸어 놓을 수 있는 새로운 혁명이 진행되고 있습니다. 대표적인 변화 중의 하나로 한사람이 제조를 할 수 있는 1인 제조업이 가능한 메이커스(Makers)운동입니다.

과거에 비해 ICT를 활용하여 자기가 생각한 아이디어를 직접 표현하는 방법을 좀 더 쉽고 정확하게 구체화 시킬 수 있게 되었습니다. 아이디어와 비슷한 모델을 공유사이트를 통해 얻어 모델편집프로그램으로 편집하거나 직접 오픈소스프로그램을 이용하여 디자인할 수 있습니다. 본인의 결과물을 3D 프린터를 통하여 전시제품을 만들어 보고, 나아가 크라우드 펀딩을 통해 직접 생산 활동의 기초자금을 마련할 수 있는 방법에도 참여할 수 있습니다.

이렇게 자신의 제품을 직접 만드는 메이커스 운동으로 1인 제조기업을 만드는 세상이 올 것입니다. 1인 제조기업의 특징은 많은 양을 생산하는 공장의 특징보다는 소비자가 원하는 맞춤형 소량 생산에 초점이 맞춰져 있어 또 다른 제조업분야의 하나로 자리매김할 수 있을 것입니다. 작은 문구부터 자동차의 모든 부품까지 제조가 가능합니다. 많은 인원이 공장의 조립 생산부문에서 일하던 모습이 이제는 적은 인원으로 자동차 생산에 참여할 수 있는 것도 3D 프린터가 큰 역할을 담당하고 있어 가능합니다.

이러한 사회적 변화에 대비하여 학교현장에서도 3D 프린터와 관련된 내용이 적극적으로 교육과정에 담겨져야 할 것입니다.

3D 프린터 수업은 스스로 만들어 가는 활동을 통해 다양한 교과 및 영역에서 통합적 교육활동을 기대할 수 있습니다. 아이디어를 내는 과정에서 문제 해결과정을 경험 할 수 있으며, 모델링을 통하여 실제 상상한 내용을 구체화 시켜 수학적 공간 활용능력과 미적표현 능력, 3D 모델의 구조적인 이해를 할 수 있으며, 3D 프린터를 통하여 직접 출력 함으로서 기본적으로 상상한 것에 대한 성취감을 가지며 본인이 생각했던 아이디어와 비교를 통해 피드백을 할 수 있어 꾸준한 수업참여 활동에 동기부여를 할 수 있습니다. 나아가 단순히 모델제작에 활용되는 직관적인 모델링 작업에서 벗어나 SW교육활용 까지 고려하여 진행할 수 있다면 3D프린터로 만들어 낼 수 있는 결과물은 더욱 다양해 질 것입니다.

스스로 문제 해결방법을 찾고, 창의적이고 도전하는 태도로 문제 해결능력을 키울 수 있는 3D 프린터활동은 융합교육을 실천할 수 있는 가장 기본적인 교육활동이 될 수 있을 것입니다.

본 교재에 많은 아이디어와 의견을 주신 성균관대학교 김미량 교수님, 백석초등학교 황능이 교장선생님께 많은 감사를 드립니다.

2016년 6월
교사 **이 문 호**

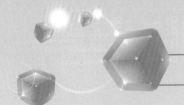

목차 | CONTENTS

PART→ **01**차시

3D 프린터는 무엇일까요?

3D 프린터는 무엇일까요?

대주제	3D 프린터

핵심 단어	3D 프린터

영 역	3D 프린터 이해

01 활동 목표

3D 프린터가 무엇인지 다른 종류의 문서 프린터, 필기도구와 비교하여 보며 서로 다른 점을 찾아 구분할 수 있다.

02 활동 자료

연필, 종이, 문서 프린터, 3D 프린터 사진 자료

03 활동 방법

글쓰기 도구, 문서 프린터와 3D 프린터 사진자료 비교를 통하여 각각의 특징을 찾아 적어보고 3D 프린터를 구분해 봅시다.

옛날 글쓰기 도구 사진 자료

[사진 1-1] 옛날 글쓰기 도구

위에 보이는 사진은 어디에 쓰이는 물건인가요?

각각 물건들의 역할을 알고 있나요?

물건들의 이름은 무엇인가요?

오늘날 글쓰기 도구 사진 자료

[사진 1-2] 오늘날 글쓰기 도구

[사진 1-1]옛날 글쓰기 도구와 [사진 1-2]오늘날 글쓰기 도구 사진의 같은 점과 차이점을 찾아 보세요.

서로 활용하기에 좋은 점이 무엇인지 써 보세요.

	같은 점	차이점	좋은 점
옛날 글쓰기 도구			
오늘날 글쓰기 도구			

🧊 **컴퓨터를 활용하여 글씨를 쓰려면 무엇을 이용해야 하나요?**

컴퓨터로 글씨를 출력 하려면 프린터라는 도구를 활용합니다.

오늘날의 프린터는 컴퓨터 모니터에서 보이는 내용을 그대로 출력하여 활용할 수 있답니다. 예쁘고 정확하게 글씨와 그림까지 출력하여 사용할 수 있습니다.

　그런데 프린터로 글씨만 출력하는 것이 아니라 물건을 출력하고 싶다면 어떻게 해야 할까요?

[사진 1-3] 오늘날의 문서 프린터

🧊 3D 프린터 출력 사진 자료

　3D 프린터는 우리 주변에서 만질 수 있는 모든 물체들을 만들 수 있도록 문서프린터 처럼 출력해 주는 도구랍니다. 만들고 싶은 물건이 있다면 그 물건의 모양을 3D 파일로 만들고, 컴퓨터를 통하여 3D 프린터에서 물체로 만들어 낼 수 있도록 합니다.

[사진 1-4] 3D 프린터의 출력장면

그럼 문서를 출력하는 프린터와 물체를 출력할 수 있는 프린터의 같은 점과 차이점을 찾고 서로의 좋은 점을 찾아보세요.

	같은 점	차이점	좋은 점
문서 프린터			
3D 프린터			

이번에는 글쓰기 도구와 3D 프린터의 같은 점과 차이점을 찾아보고 좋은 점도 찾아보세요.

	같은 점	차이점	좋은 점
글쓰기 도구			
3D 프린터			

이제 3D 프린터가 무엇이고, 다른 글쓰기 도구와의 차이점을 구분할 수 있겠죠?

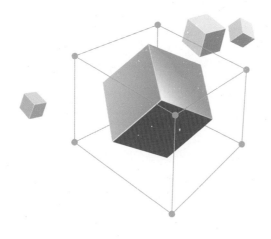

3D

PART → **02**차시

많이 쓰는 3D 프린터의 종류는
어떤것이 있을까요?

많이 쓰는 3D 프린터의 종류는 어떤것이 있을까요?

대주제   3D 프린터

핵심 단어   3D 프린터 종류

영 역   많이 쓰이는 3D 프린터 종류

01 활동 목표

우리 주변에서 많이 쓰이고 있는 3D 프린터의 종류를
형태에 따라 개방형과 완성형이 있는 것을 알아보고,
어떤 특징이 있는 지 구분할 수 있다.

02 활동 자료

개방형 3D 프린터 사진자료, 완성형 3D 프린터 사진자료,
비교 표

03 활동 방법

개방형 3D 프린터와 완성형 3D 프린터의 같은 점과 차이점을
찾아보고, 서로의 특징을 비교하여 적어 봅시다.

📦 개방형 3D 프린터와 조립도

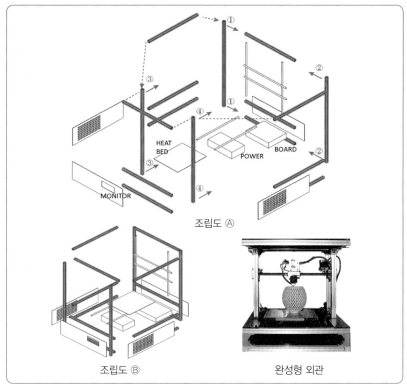

[사진 2-1] 개방형 3D 프린터 조립도, 외관

[사진 2-1]은 3D 프린터입니다. 우리가 흔히 보아온 완성품으로 된 3D 프린터가 아닙니다. 위쪽에 있는 조립도 Ⓐ에 따라 만들수 있는 3D 프린터입니다.

3D 프린터 조립설명서의 내용을 보고 조립하면 아래쪽 완성형과 같은 3D 프린터가 완성이 되고 이런 조립 3D 프린터를 개방형 3D 프린터라고 합니다.

🔲 완성형 3D 프린터

[사진 2-2] 완성형 3D 프린터 「xyz프린팅社」 다빈치 da Vinci Jr. 1.0」〈FDM 방식 〉

[사진 2-2]에서 보이는 완성형 3D 프린터는 3D 프린터회사에서 완성품으로 만들어 판매하고 있어 조립하는 과정이 필요 없답니다.

그럼 개방형프린터와 완성형 프린터의 특징을 좀 더 살펴봅시다.

🔲 개방형 프린터의 사용 목적

3D 조립프린터 부속품 +그 외 일반적 부속품

압출기-다이렉트(direct)방식과
보우덴(bowden)방식의 핫엔드 세트

[사진 2-3] 개방형 프린터 구성용품

조립하여 만드는 개방형 프린터는 여러 가지 3D 프린터 부품들을 사용해요. 3D 프린터가 만들어지는 과정에서 어떤 부품들이 사용되고, 프린터가 어떻게 만들어 지는지 확인 할 수 있답니다.

이렇게 만들어진 3D 프린터가 고장이 날 경우 어떤 부품을 바꿔 줘야할지 알고 있기 때문에 3D 프린터를 잘 활용할 수 있습니다.

가격도 완성형 3D 프린터에 비해 저렴합니다.

하지만 좀 더 심한 고장이 났을 경우 전문가를 찾아야 하는 경우도 있답니다.

완성형 프린터의 사용 목적

완성형 3D 프린터의 경우, 가격은 개방형 3D 프린터보다 비싸지만 정확하게 조립해야 된다는 고민을 할 필요는 없답니다. 그리고 고장 날 경우에는 판매회사에 수리를 맡기면 된답니다. 개방형에 비해 3D 파일과 비슷하고 정확한 3D 결과물을 출력할 수 있습니다.

[사진 2-4] 완성형 3D 프린터와 결과물

학교나 개인이 3D 프린터를 구입한다면 활용하는 목적에 따라 구매결정을 하면 되겠습니다.

그럼 위 개방형 3D 프린터와 완성형 3D 프린터의 같은 점과 차이점을 구분하여 보고, 서로의 좋은 점을 생각하여 정리하여 봅시다.

	같은 점	차이점	좋은 점
개방형 3D 프린터			
완성형 3D 프린터			

PART→ **03**차시

또 다른 3D 프린터의 종류에는
무엇이 있을까요?

또 다른 3D 프린터의 종류에는 무엇이 있을까요?

대주제	3D 프린터

핵심 단어	3D 프린터 종류

영역	3D 프린터 종류

01 활동 목표

3D 프린터의 종류가 출력방법에 따라서 다른 것을 알고, 서로 비교할 수 있다.

02 활동 자료

출력 방법에 따른 3D 프린터 사진자료

03 활동 방법

여러 종류의 3D 프린터를 비교하여 특징을 살펴보고, 새롭게 개발해 보고 싶은 3D 프린터를 설명해 봅시다.

3D 프린터는 출력하는 방법에 따라 여러 종류로 나눌 수 있답니다. 이러한 3D 프린터는 좋은 결과물과 여러 가지 재료를 써서 출력할 수 있는 장점도 있지만 가격이 너무 비싸다는 단점도 있습니다.

그럼 어떤 종류가 있는 지 알아봅시다.

1. FDM(Fused Deposition Modeling : Fused Filament Fabrication) 방식

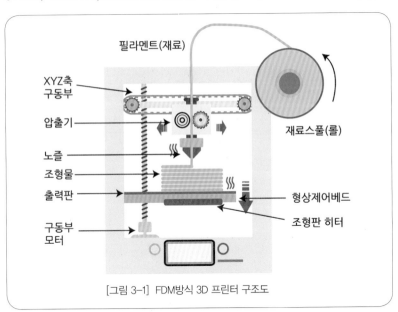

[그림 3-1] FDM방식 3D 프린터 구조도

[사진 3-1] 완하우 3D 프린트 화면

[사진 3-2] 메이커봇 노즐과 출력판

[사진 3-3] 3D 프린터 결과물

학교와 여러 3D 프린터의 체험공간에서 가장 많이 쓰고 있는 3D 프린터 출력방법입니다.

플라스틱(필라멘트)을 열로 녹이면 액체상태가 되고, 그 액체들을 쌓아 가는 방식으로 3D 출력물을 만듭니다. 이 방법으로 처음 만든 스트라타시스(Stratasys)의 스콧 크럼프(Scott Crump)의 특허가 2009년에 끝나[1]게 되어 지금은 조금 싸게 구입할 수 있게 되었어요.

좀더 싸게 구입하는 방법은 지난시간에 공부한 개방형 3D 프린터를 구입하는 것입니다.

3D 프린터의 구조와 원리를 스스로 익혀가면서 공부해 나갈 수도 있습니다.

2. SLS(Selective Laser Sintering:선택적 레이져 소결) 방식

3D 프린터에서 출력이 되는 아래쪽 부분에 묻어 있는 분말가루에 출력하고 싶은 물체의 모양에 맞게 선택적으로 레이저를 쏘면 분말가루가 모아지면서 쌓여가는 방법으로 출력이 됩니다.

---

1) 프레시안,2014.01.03,강양구

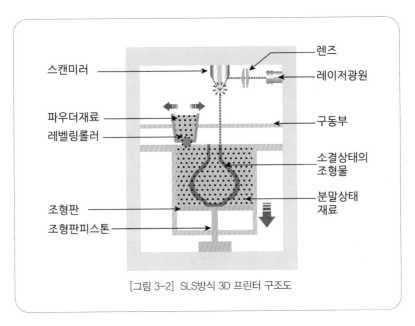

[그림 3-2] SLS방식 3D 프린터 구조도

스캔미러

렌즈

레이저광원

파우더재료

레벨링롤러

구동부

소결상태의
조형물

분말상태
재료

조형판

조형판피스톤

[사진 3-4] 레이저 커터에
설치된 OpenSLS R2 하드웨어

[사진 3-5] 디자인잡지'Dezeen'
2008년 3월 9일 게재

[사진 3-6] 중국 FARSOON社
- Model' 402p'Series
/ SLS 3D Printer

이런 방법으로 출력할 경우에는 유리나 알루미늄, 플라스틱 등을 재료로 이용할 수 있어 여러 가지 형태의 물건을 만들 수 있답니다.

3. SLA(Stereo Lithographic Apparatus) 방식

SLA방식의 3D 프린터는 액체상태로 되어 있는 플라스틱에 레이저를 쏘아가며 3D 출력물을 만드는 방법입니다. 이런 방법은 아주 작은 물체도 깔끔하게 출력할 수 있어 훌륭한 결과물을 만들 수 있답니다.

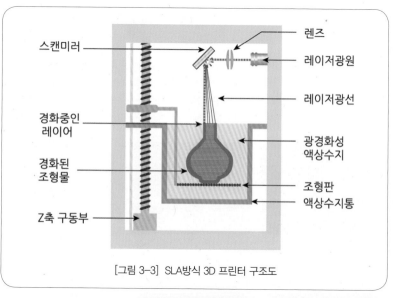

[그림 3-3] SLA방식 3D 프린터 구조도

[사진 3-7] 'xyz프린팅社' 다빈치 da Vinci Noble 1.0 3D 프린트 화면

[사진 3-8] 3D 프린터 결과물

[사진 3-9] SLA방식 3D 프린터와 결과물

4. DLP(Digital Light Processing : 마스크 투명 이미지 경화) 방식

DLP 3D 프린터는 우리가 흔히 학교 과학실이나 컴퓨터실에서 보는 프로젝트에서 쓰는 기술을 활용한 것입니다. 액체 상태의 플라스틱을 통에 담아두고 빛을 쏘는 기술을 활용하여 물체를 거꾸로 쌓아가는 방법입니다. 아래 [그림 3-4]를 보면 3D 출력물이 거꾸로 매달려 위쪽으로 출력이 되고 있습니다.

이 방법은 빨리 출력할 수 있고, 아주 자세하게 출력할 수 있어 보석이나 작은 모델 같은 것도 쉽게 만들어 낼 수 있답니다.

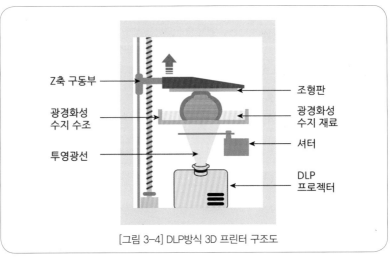

[그림 3-4] DLP방식 3D 프린터 구조도

[사진 3-10] DLP방식
3D 프린터

[사진 3-11] DLP방식
3D 프린터 결과물

[사진 3-12] DIY High
Resolution DLP 3D Printer
3D 프린트 화면

5. EBF(Electron Beam Freeform Fabrication)

　NASA에서 개발한 기술로 액체 상태로 되어 있는 선에 전자 불빛을 비추면 굳어지면서 쌓아가는 방식입니다. 이런 방법은 우주와 같은 무중력 상태에서도 사용할 수 있습니다. 소형의 조형물만 제작이 가능하지만 빨리 출력되고 단단한 물체를 만들 수 있답니다.

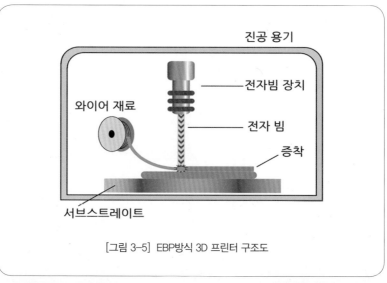

[그림 3-5] EBP방식 3D 프린터 구조도

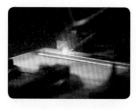
[사진 3-13] EBF방식
3D 프린트 공정

[사진 3-14] EBF방식
3D 프린트된 금속 구조물

[사진 3-15] EBF 방식
3D 프린터

이렇게 여러 가지 방법으로 출력하는 3D 프린터들의 공통점은 액체 상태에 있는 여러 가지 물질들을 3D 물체로 굳혀가며 출력하는 것을 알 수 있습니다.

　이런 방법으로 우리도 새로운 3D 프린터를 만든다면 어떤 것을 만들 수 있을까요?

3D 프린터를 만든다면 어떤 것을 만들 수 있을지 적어 봅시다.

내가 만드는 3D 프린터 제목	
3D 물체를 출력하는 방법	
3D 출력물을 단단하게 만드는 방법	
3D 프린터로 만들고 싶은 물체	

PART→ **04**차시

3D 프린터에 쓰이는 재료에는 무엇이 있을까요?

3D 프린터에 쓰이는 재료에는 무엇이 있을까요?

대주제	3D 프린터
핵심 단어	3D 프린터 재료
영 역	3D 프린터 재료

01 활동 목표

3D 프린터에 쓰이는 재료는 어떤 것들이 있고, 여러 재료로 출력한 3D 프린터 결과물을 확인할 수 있다.

02 활동 자료

3D 프린터의 재료로 쓰이는 물질의 사진 및 출력물의 사진

03 활동 방법

3D 프린터의 출력물에 쓰이는 재료들을 확인하고, 3D 프린터 출력물 재료로 쓰일 수 있는 것들을 찾아 적어 봅시다.

3D 프린터는 물체를 출력하는 도구입니다. 우리 주변에는 여러 가지 물질들로 만들어진 다양한 물체들이 있습니다. 유리, 금속, 플라스틱 등 여러 가지의 물질로 다양한 물건들을 만들 수 있습니다.

그럼 어떤 물질이 3D 프린터로 출력하여 물건으로 만들 수 있는 지 알아봅시다.

🧊 FDM방식 필라멘트 종류

1. ABS와 PLA

[사진 4-1] 필라멘트

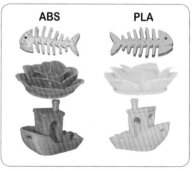

[사진 4-2] ABS/ PLA 출력물 비교

우선 플라스틱으로 쌓아가면서 출력하는 3D 프린터에 많이 쓰이는 ABS[2]와 PLA[3]가 있습니다. ABS재료는 여러 가지 색깔을

---

2) ABS : (아크릴부타디엔 스틸렌:Acrylonitrile Butadiene Styrene)
3) PLA : (폴리락틱산:Poly Latic Acid)

갖고 있고, 잘 붙으며, 플라스틱이 잘 녹아 3D 출력물에 구멍이 잘 생기지 않아요. 하지만 크기가 큰 출력물을 출력하면 갈라지고 휘어지는 현상이 있고, 냄새가 많이 납니다.

PLA재료도 색깔이 여러 가지이며, 서로 잘 붙고, 냄새가 나지 않으나, 습기가 있으면 3D 출력물을 예쁘게 수정할 수 없답니다.

2. 나무분말(Wood) 필라멘트

[사진 4-3] 나무분말(WOOD)필라멘트 출력물

3D 프린터의 출력물 재료로 나무분말을 사용할 수 도 있습니다. 이렇게 출력한 것은 나무의 특징을 잘 살려 나무의 색깔과 향이 나면서 자르고 갈아내기도 가능합니다. 그러나 3D 프린터로 출력이 쉽게 되지 않는 편입니다.

3. 유연성이 있는(플렉시블: Flexible) 필라멘트

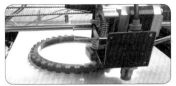

[사진 4-5] 플렉시블 필라멘트 출력중

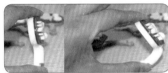

[사진 4-4] 플렉시블 필라멘트

[사진 4-6] 플렉시블 필라멘트 출력물의 유연성

이 재료는 앞서 ABS와 PLA 보다 좀 더 고무처럼 말랑말랑하게 만들 수 있으며 깔끔한 출력물을 만들 수 있으나 냄새가 나고 주위에 습기가 있다면 갈라질 수 도 있습니다.

4. 유리(G3DP-유리3D 프린터에서 사용)

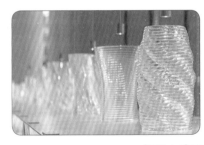

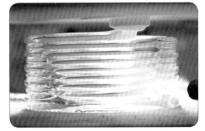

[사진 4-7] MIT 유리3D 프린터

유리를 3D 프린터 재료로 쓸 때는 아주 잘 관리해야 합니다. 유리가 액체 상태에서 다시 딱딱한 고체로 만들어 지는 순간의 온도를 잘 알고 있어야 합니다. 그리고 계속 같은 온도를 유지해야 모양을 잘 만들어 낼 수 있으며 유리제품이 갈라지지도 않습니다.

4시간동안 1000도가 넘는 온도에서 작업이 진행되고 2시간동안 깨끗한 유리 제품을 만드는 작업을 하게 됩니다. 다시 1000도가 넘는 온도에서 인쇄를 시작해서 천천히 식히면 완성됩니다.

5. 금속(금속3D 프린터에서 사용)

[사진 4-8] **5000도씨社** DMD METAL
3D 프린트로 출력한 금속 출력물

[사진 4-9] **5000도씨社**
금속 3D 프린터 결과물

금속 3D 프린터는 가루로 된 금속재료에 레이저를 비추어 금속 3D 출력물을 만들어 갑니다. 레이저는 금속 가루에 열을 가하며 금속가루로 층을 만들고, 다시 다음 층의 금속가루를 덮어주고, 출력물이 완전히 만들어 질 때까지 반복하여 만들어 집니다.

6. 기타(바이오 3D 프린터에서 사용)

[사진 4-10] 기타(바이오 3D 프린터) / WFIRM 보도 자료

바이오 3D 프린터라고 불리는 것이 있습니다. 이 3D 프린터는 사람이 갖고 있는 신체 여러 부분에 있는 피부, 뼈, 장기 등을 출력할 수 있는 것입니다. 아픈 친구들에게 필요한 부분을 3D 프린터로 출력하여 줄 수 있어서 많은 도움이 될 수 있습니다.

3D 프린터 재료로 쓸 수 있는 것들이 무엇이 있을지 생각해 보고 적어봅시다.

3D 프린터 재료를 쓸 수 있는 것들이 무엇이 있을지 생각해 보고
적어봅시다.

3D 프린터 출력 재료	
출력 재료를 쓰는 이유	
출력 재료가 활용 되는 분야	

PART→ **05차시**

3D 프린터가 우리 주변
어디에서 쓰일 수 있을까요?
- 3D 프린터 활용 (1)

05차시　3D 프린터가 우리 주변 어디에서 쓰일 수 있을까요? -3D 프린터 활용 (1)

대주제	3D 프린터
핵심 단어	3D 프린터 활용
영 역	3D 프린터 활용 (1)

 활동 목표

우리 주변 어디에서 3D 프린터가 활용되는지 알아보고 어떻게
사용되는지 확인해 본다.

활동 자료

3D 프린터가 활용되고 있는 분야 사진자료

 활동 방법

3D 프린터가 활용되고 있는 분야에서 어떤 특징들이 있는지
살펴보고, 그 특징에 따라 어떤 3D 프린터를 만들어 낼 수
있는지 짧은 글을 써서 표현해 봅시다.

3D 프린터는 우리 주변에서 여러 가지 목적으로 많이 사용되고 있습니다. 일상생활에 쓰이는 작은 물품부터 시작해서 요리, 건축, 공구 등 많은 물건들을 만들어 낼 수 있답니다.

그럼 우리 주변에서 3D 프린터가 어떻게 활용되고 있는지 알아보도록 하겠습니다.

3D 프린터 활용분야 – 1 (음식)

[사진 5-1] **(주)로킷社** CHOCOSKETCH 3D 프린터와 결과물

[사진 5-2] **Natural Machines** 'FOODINI' 푸드 프린터와 결과물

우선 음식을 만드는 목적으로 쓰이는 3D 프린터들은 모두 음식물 재료를 이용하여 출력합니다. 첫 번째 초콜릿 음식을 만드는 3D 프린터는 만들고 싶은 초콜릿 음식을 직접 디자인하고 만들 수 있는데 3종류로 만들어 낼 수 있습니다.

[사진 5-2]의 푸디니라는 3D 프린터는 신선한 음식 재료를 넣어서 여러 가지 음식을 만들어 낼 수 있답니다. 쿠키, 크래커, 햄버거 등을 만들어 낼 수 있습니다.

3D 프린터 활용분야 2 – 자동차 부품

[사진 5-3] RC-CAR 부품 출력

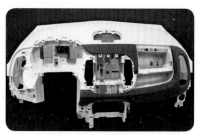

[사진 5-4] 3D SYSTEMS社 ProX950
프린터 자동차 부품 출력 홍보사진

[사진 5-5] LM社(LocalMotors)
3D프린터로 출력중인 자동차

[사진 5-6] LM社(LocalMotors)
3D프린터로 출력한 자동차

첫 번째 사진은 3D 프린터 중에 FDM[4] 즉 쌓아가며 프린트하는 방식으로 자동차 부품을 만듭니다. 자동차 운전석에 있는 여러 가지 플라스틱 부품 모두를 3D 프린터로 출력할 수 있습니다. 두 번째 사진은 로컬 모터스라는 회사인데, 자동차 하나를 통째로 모두 프린트하여 자동차를 만들 수 있습니다. 자동차 전체를 프린트하는데 걸리는 시간은 약 이틀 정도라고 합니다. 그리고 마지막으로 조금 더 손질하면 완전한 자동차로 바뀌어 운전할 수 있답니다.

이렇게 만들어지는 자동차는 현재 자동차 공장에서 자동차를 만들 때 발생하는 매연을 많이 줄일 수 있다고 해서 앞으로 많이 활용 될 수 있을 것입니다.

🧊 3D 프린터 활용분야 3 – 의료/치과

3D 프린터 중의 하나인 바이오 프린터는 인간의 몸속의 생체조직이 포함된 연골조직 등이 문제를 일으켰을 때 대신 사용할 수 있는 기관들을 출력하여 사용할 수 있습니다.

[사진 5-7]은 인공으로 만든 귀로 실제 귀와 같은 역할을 할 수

---

4) FDM(Fused Deposition Modeling) : FDM기술에서 작동하는 3D 프린터는 열가소성 수지 필라멘트를 가열하고 사출하여 맨 아래에서부터 층을 쌓아 부품을 제작(www.stratasys)

있도록 만들어서 사람의 귀와 연결하면 사람이 들을 수 없는 부
분까지 들을 수 있다고 합니다. [사진 5-8]은 뼈가 부러질 경우
대신 쓸 수 있도록 정확한 모양을 출력하여 아픈 사람들에게 많
은 도움을 줄 수 있답니다. [사진 5-9]는 복잡한 심장을 만들어
내는 3D 프린터의 출력기술입니다. 아직 심장까지 만드는 기술
이 완성되진 않았지만 가까운 미래에 신체의 장기들도 만들수 있
습니다. [사진 5-10]은 질병이나 사고로 머리뼈에 문제가 있다
면 머리뼈 전체를 3D 출력을 통하여 만든 머리뼈로 대신 할 수
있답니다.

[사진 5-7] **Princeton University**에서
성공한 인공 귀

A. Model of Spine
척추모형   B. Traditional titanium impant
티타늄제작 모델   C. 3D Printed implant
3D 프린팅 모델

[사진 5-8] **북경대 Liu Zhongjun**이
성공한 척추 임플란트

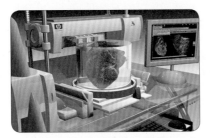

[사진 5-9] **HP 프린터** 배포 자료

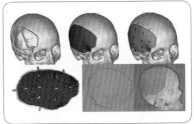

[사진 5-10] **HIDOC**기사 프린터된 머리뼈 결과물

3D 프린터 활용분야 4 – 항공/우주

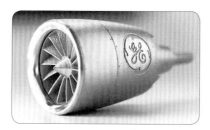

항공기 터빈 날개   변속기 기어   스프링

[사진 5-13] **GE社** 제트 엔진과 부속품

[사진 5-14] **SULSA(사우스햄튼대)**에서 제작한 무인비행기

[사진 5-15] 무중력에서 가능한
3D 프린터 Zero-G

[사진 5-16] **NASA** MADE IN SPACE

항공분야에서는 항공기를 만드는 데 필요한 중요한 부품을 만
드는 데 활용할 수 도 있으며 심지어 엔진과 같은 부품도 만들어
낼 수 있다고 합니다.

영국에서는 사람이 타지 않은 무인 비행기까지도 3D 프린터로 만들 수 있다고 합니다.

3차시에서 학습한 3D 프린터 종류 중의 하나 인 EBF 3D 프린터는 우주 비행사들이 우주에서 3D 프린터를 통해 직접 출력할 수 있다고 합니다. 필요한 부품에 대한 정보가 없다면 지구에서 보내는 자료를 받아 우주선에서 출력도 가능하다고 합니다.

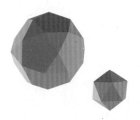

PART→ **06**차시

3D 프린터가
어느 곳에서 더 쓰일 수 있을까요?
- 3D 프린터 활용 (2)

06차시

3D 프린터가 어느 곳에서 더 쓰일 수 있을까요? -3D 프린터 활용 (2)

 대주제   3D 프린터

 핵심 단어   3D 프린터 활용

영 역   3D 프린터 활용 (2)

01 　활동 목표

우리 주변에서 활용되는 3D 프린터를 나만의 방법으로
활용할 수 있는 방법을 찾을 수 있다.

02 　활동 자료

3D 프린터가 활용되고 있는 분야 사진자료

03 　활동 방법

3D 프린터가 활용되는 분야를 더 살펴보고,
내가 하고 싶은 3D 프린터 활용분야를 설명해 봅시다.

3D 프린터가 활용되고 있는 분야를 더 살펴보도록 하겠습니다.

🧊 3D 프린터 활용분야 - 1(피규어 및 교육자료)

[사진 6-1] 피규어 및 교육자료

3D 프린터를 활용하여 피규어를 만들기 위해서는 3D 프린터로 출력하기 위한 3D 파일이 필요합니다. 3D 프린터로 출력한 후(검은색) 출력물에 색칠을 해주면 원하는 피규어를 만들 수 있답니다.

[사진 6-2] le FabShop의 프로젝트인 오픈토이즈

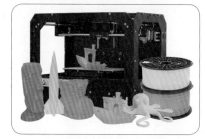

[사진 6-3] 3D 프린터 결과물

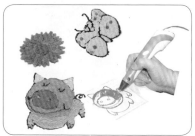

[사진 6-4] 3D펜과 결과물

3D 프린터로 출력한 부분 재료를 채소와 연결하여 새로운 장난감으로 사용 할 수 도 있어요. 연필과 같은 모양의 프린터로 3D 출력물을 만들어 낼 수 도 있어요.

3D 프린터 활용분야 - 2 (패션)

옛날에는 옷을 만들어 입으려면 재봉틀이라는 도구가 필요했습니다. 하지만 3D 프린터로도 여러분들에게 필요한 옷과 패션에 관련된 것을 출력할 수 있습니다.

옷을 입은 사람을 컴퓨터로 스캔해서 3D 프린터로 출력할 수
도 있습니다.

[사진 6-5] 패션관련 3D 프린터 활용과 결과물

3D 프린터 활용분야 – 3 (건축)

3D 프린터로 집도 지을 수 있답니다. 그런데 집을 지으려면 기
계도 그 만큼 커야 해서 집 짓는 3D 프린터는 사진처럼 큰 기계
를 사용합니다. 모든 것을 한 번에 출력하지는 못하고, 벽, 지붕,
기둥 등 부분으로 나누어 나중에 한꺼번에 조립하여 완성합니다.

[사진 6-6] WINSUN社-3D 프린터 건축물

[사진 6-7] Andrey Rudenko의
3D 프린터로 만들어진 건축물 1

[사진 6-7] Andrey Rudenko의
3D 프린터로 만들어진 건축물 2

[사진 6-7] Andrey Rudenko의
3D 프린터로 만들어진 건축물 3

🎁 3D 프린터 활용분야 – 4 (생활용품)

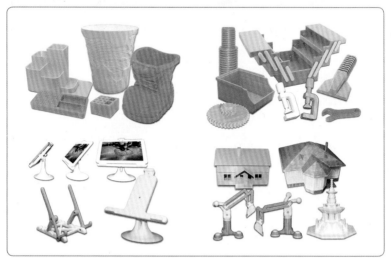

[사진 6-17] 3D 프린터로 출력한 여러가지 생활용품

3D 프린터로 출력할 수 있는 파일만 있다면 생활에서 쓰는 모든 도구를 출력할 수 있습니다.

🧊 3D 프린터 활용분야 – 5 (기타)

[사진 6-10] **ENABLE**에서 배포한 오픈소스 출력물인 보조기구 1

[사진 6-10] **ENABLE**에서 배포한 오픈소스 출력물인 보조기구 2

걷기 힘든 강아지나 손이 불편한 어린 친구들을 걷게 할 수 있고, 손을 사용할 수 있도록 도울 수 있는 방법도 있습니다. ENABLE[5]이라는 자선단체는 3D 프린터를 활용하여 손이 불편한 전 세계 친구들에게 3D 프린터로 손을 만들어 무료로 나눠주고 있습니다.

3D 프린터로 할 수 있는 것들이 우리 주변에는 많이 있습니다.

그러면 나는 3D 프린터로 무엇을 할 수 있는지 생각해 봅시다.

_____

5) http://enablingthefuture.org/

내가 활용하는 3D 프린터

제목	그림
설명	

PART→ **07**차시

3D 프린터의 각 부분에 대한 생김새와 역할 알기

07차시

3D 프린터의 각 부분에 대한 생김새와 역할 알기

대주제　3D 프린터

핵심 단어　3D 프린터 생김새 역할

영 역　3D 프린터 생김새와 각 부분 역할

01 활동 목표

3D 프린터의 생김새를 자세히 살펴보고 각 부분의 이름과 역할에 대하여 이해할 수 있다.

02 활동 자료

개방형 3D 프린터와 완성형 3D 프린터 사진 자료

03 활동 방법

3D 프린터의 각 부분의 이름을 이해하고, 각 부분의 역할을 퀴즈 형식으로 맞춰 봅시다.

3D 프린터는 미국의 스콧 크럼프(S. Scott Crump)라는 사람이 자신의 어린 딸에게 장난감 개구리를 만들어 주다가 아이디어를 얻어 아래와 같은 그림으로 특허 신청을 했다고 합니다[6].

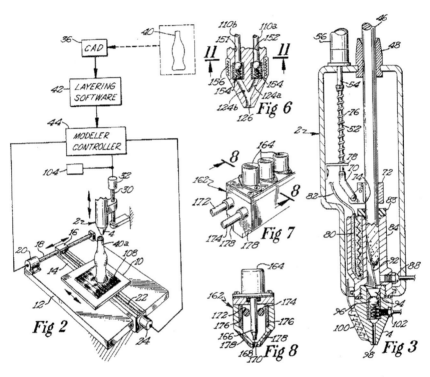

[그림 7-1] S. Scott Crump의 1989년 특허신청 자료 (미국특허청 US 5121329A)

이런 특허 신청이 2009년 10월에 끝나게 되어 쌓아가면서 출력하는 방식의 3D 프린터가 나오기 시작합니다.

6) 아시아경제(2014년02월19일 기사).[글로벌페이스].3D 프린터 세계1위 스트라타시스의 크럼프 회장

여기서 **Stratasys**와 **3DSYSTEM** 이라는 큰 회사가 만들어지고, **RepRap**이라는 커뮤니티도 생겨났습니다. RepRap에서는 3D 프린터를 만드는 방법, 프로그래밍, 파일 등을 모든 사람들이 서로 알 수 있도록 오픈 소스[7]로 제공하고 있습니다.

앞선 큰 두 회사가 만드는 3D 프린터는 워낙 가격이 비싸지만 일반사람들도 RepRap이라는 곳의 도움을 받아 싼 가격으로 3D 프린터의 부품을 사서 조립하여 쓸 수 있게 되었습니다.

[사진 7-1] 프린터 모델명 : Mendel[http://RepRap.org]

이후에 Mendel 모형이라고 하는 3D 프린터 모양이 2009년 10월에 만들어집니다.

---

7) 소프트웨어와 하드웨어를 만든사람의 권리를 지키면서 자유롭게 자료공유, 함께 참여하는 방법을 이야기 합니다.

[사진7-2]는 현재 많이 쓰고 있는 박스형태의 완성형 3D 프린터 모델의 모양입니다.

[사진 7-2] xyz프린팅社
다빈치 da Vinci 1.0과 결과물

3D 프린터의 각 부분에 대한 이름을 알아보고, 어떤 역할을 하는지 알아보도록 하겠습니다.

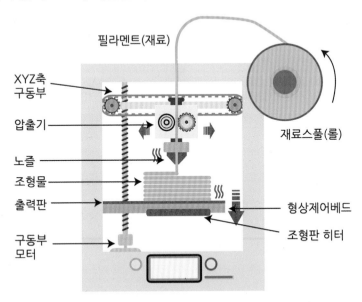

[그림7-2] FDM 방식의 재료압출식 3D 프린터의 구조와 원리 / 압출기위치에 따른 구분

■ 형상제어베드 : 가열판(히트 베드, Heated Bed)

뜨거워진 압출기(extruder)에서 빠져나온 인쇄 원료가 너무 빨리 차가워져서 액체에서 고체가 되지 않도록 출력되는 곳의 열을 높여주는 판입니다. 3D 출력물이 빨리 차가워지면 인쇄물이 삐뚤어지게 됩니다. 따라서 가열판을 사용하면 훌륭한 결과물을 얻을 수 있습니다.

■ 래프트(Raft)

인쇄물의 뒤틀림을 방지하기 위해 사용되는 기술입니다. 래프트는 뗏목이라는 뜻입니다. 인쇄물을 가열판 표면에 직접 인쇄하기 전에 베드 바로 위에 한번 얇게 출력해 놓습니다. 래프트 없이 직접 베드에 인쇄하게 되면 출력물이 강하게 판에 붙어서 떼어낼 때 불편합니다. 래프트는 조형물보다 면적이 크게, 얇게 인쇄되어 떼어내기가 쉽습니다.

■ 베드(Bed)

3D 프린터에서 인쇄 출력물이 만들어 놓여지는(적층되어지는) 곳을 말합니다. 판처럼 생긴 곳이 바로 '베드'입니다.

■ 벨트(Belt)

이빨이 있는 기어 벨트입니다. 일반적으로 스트레칭을 방지하기 위해 섬유가 강화되어 있습니다. 모터에서 다른 부품에 운동을 전달하는데 사용되는 부분입니다.

■ 압출기(익스트루더, Extruder)

인쇄 원료(필라멘트 등)를 3D 프린터에 넣고 액체 상태로 뽑아내는 장치입니다.

■ 필라멘트(Filament)

두 가지 유형:

- 3D 프린터에 사용될 수 있도록 가느다란 실처럼(대부분 3mm, 1.75mm의 직경) 만들어진 플라스틱 원료
- 압출된 플라스틱(대부분 1mm 이하의 직경)

■ 핫 엔드(Hot End)

플라스틱 필라멘트 등의 고체 원료를 가열해 녹이는 압출기(익스트루더)의 가장 '뜨거운 끝'(노즐) 부분입니다. 일반적으로 180~240도까지 가열합니다. 최근에는 300도까지도 지원하는 노즐들이 나오고 있습니다.

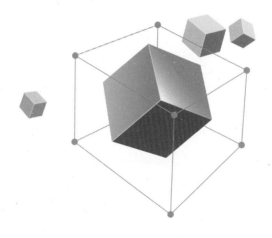

PART → **08**차시

3D 프린터는 어떻게 출력할까요?

08차시   3D 프린터는 어떻게 출력할까요?

대주제	3D 프린터

핵심 단어	3D 프린터 출력

영 역	3D 프린터 출력

01 활동 목표

3D 프린터의 출력하는 방법을 자세히 알아보고,
같은 방법으로 물체를 만드는 예를 찾아 볼 수 있다.

02 활동 자료

3D 프린터 출력 원리 자료

03 활동 방법

3D 프린터 출력하는 원리를 정리해 보고, 다른 방법으로도
출력하는 방법을 찾아 봅시다.

3D 프린터가 출력되는 방법이 어떻게 이루어지는지 생각해 봅시다.

🧊 FDM방식 3D 프린터 출력

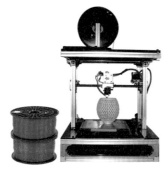

[사진 8-1] FDM방식 3D 프린터

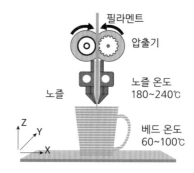

필라멘트
압출기
노즐 온도
180~240℃
노즐
베드 온도
60~100℃

[그림 8-1] FDM방식 작동원리 도안

3D 프린터로 물건을 출력하려면 물건을 만드는 재료가 필요합니다.

3D 프린터의 출력 재료는 여러 가지가 있지만 가장 많이 쓰이는 것은 플라스틱으로 된 것입니다. 우리는 이것을 필라멘트라고 합니다.

필라멘트는 화장지처럼 롤에 감겨 있고 이것을 3D 프린터와 연결하여 녹여서 출력합니다.

[사진 8-2] 필라멘트

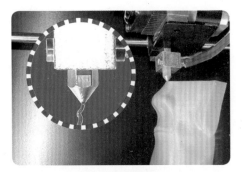

[사진 8-3] 3D 프린터 노즐과 필라멘트

필라멘트 재료 끝 부분이 3D 프린터와 연결 되는 부품은 노즐이라는 곳입니다.

노즐에서는 필라멘트의 끝 부분에 열을 전달하여 고체상태인 필라멘트를 보다 가늘게, 반 액체 상태로 만들어 줍니다.

이렇게 액체처럼 빠져 나온 필라멘트가 베드라는 곳에 쌓여 가면서 3D출력물이 만들어 집니다. 이 베드라는 곳도 액체와 같은 필라멘트가 빨리 굳어 버리지 않도록 높은 온도를 만들어 주고 있습니다.

[사진 8-4] 3D 프린터 출력 중

3D 출력에 맞추어 3D 프린터가 상하, 좌우, 전후, 세 방향으로 움직이면서 3D 출력물을 만들어 갑니다.

3D 출력하는 순서에 필요한 단어를 써 보세요.

순서	3D 프린터 출력하는 방법
1	필라멘트가 3D 프린터( )을 통해 녹는다.
2	녹은 필라멘트는 ( )에 쌓여진다.
3	3D 프린터가 ( )가지 방향으로 움직이며 필라멘트를 쌓아간다.

 우리 주변에서 3D 프린터처럼 쌓아가는 방법으로 물건을 만드는 것들이 무엇이 있을 까요?

정답: 1. 노즐 2. 베드 3. 상하, 좌우, 전후 3

3D 출력물을 쌓아가며 만드는 방법 외에 어떤 방법으로 3D 출력물을 만들 수 있을 까요?

PART→ **09**차시

3D 프린터로 출력할 때 필요한 컴퓨터 파일은 무엇이 있나요?

09차시

3D 프린터로 출력할 때 필요한 컴퓨터 파일은 무엇이 있나요?

대주제	3D 프린터
핵심 단어	3D 프린터의 출력파일
영 역	3D 프린터의 출력파일

· ·

01 활동 목표

3D 프린터로 출력하기 위해 필요한 표준 파일형식인
STL에 대한 특징을 알 수 있다.

02 활동 자료

3D 프린터의 출력 파일

03 활동 방법

3D 프린터로 출력하는데 필요한 컴퓨터 파일을 찾아보고,
각각의 특징을 정리해 봅시다.

3D 프린터도 컴퓨터 활용의 도구이기 때문에 컴퓨터에서 만들어 진 3D 출력파일을 3D 프린터로 보내어 출력하도록 명령하게 되어 있습니다.

그럼 3D 출력파일에는 어떤 것들이 있는지 그 특징을 살펴봅시다.

🧊 2D와 3D 모형

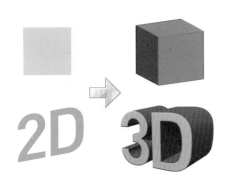

우리가 보통 삼각형, 사각형이라고 부르는 평면도형이 있습니다. 이 도형들은 종이와 같은 평평한 곳 위에 그릴 수 있지만 실제 물건처럼 그것을 만질 수 는 없습니다.

이렇게 우리 주변에 있는 실제 물건처럼 만질 수 있는 도형을 입체도형이라고 이야기 합니다.

입체도형은 평면도형과 다르게 높이 방향의 부피를 갖고 있습니다.

2D의 평면도형에서 높이 방향으로 쌓아 가며 부피를 가지는 도형을 입체 도형 즉, 3D라고 합니다.

🧊 3D 프린터 출력과정

컴퓨터로 그림을 그리는 것은 모니터 화면에 있는 픽셀이라는 점 하나 하나로 표현하는 것입니다. 이렇게 표현하기 위해서 컴퓨터는 이미지를 데이터로 바꾸어 나타냅니다.

이미지가 모니터 화면의 어느 위치에 어떤 색깔로 얼마의 밝기로 표현되는지를 컴퓨터에게 데이터로 알려 주어야 합니다. 이런 데이터가 모인 것이 컴퓨터 파일입니다.

3D 프린터도 이렇게 3D 출력을 위한 파일을 만드는 모델링이라는 작업을 해서 컴퓨터 파일을 만듭니다.

그리고 3D 프린터는 3D 파일을 바로 이해하지 못하기 때문에 3D 프린터가 이해하는 것으로 바꾸는 과정이 필요합니다. 바꾸는 과정에서 3D 컴퓨터 파일을 얇게 한 층씩 나눠주는(자르는) 작업을 하게 됩니다.

이렇게 바뀌고 난 다음 3D 프린터로 파일이 전달되면 3D 프린터에서 출력하기 전에 3D 프린터의 베드, 노즐, 수평 등을 확인한 후에 출력을 시작합니다.

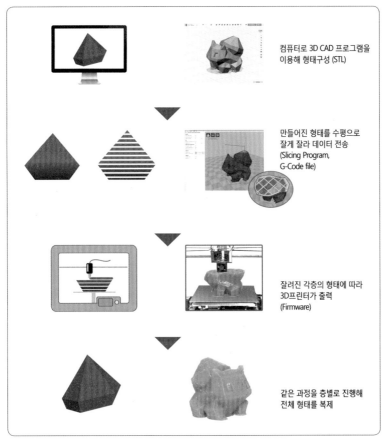

[사진 9-1] 3D 프린터 출력과정

컴퓨터에서는 3D 파일로 만들고 이것들을 3D 프린터에 전달하여 파일에 있는 데이터에 맞게 출력하는 것입니다.

🧊 3D 프린터 출력 파일 (STL)

3D 프린터로 출력하기 위해서는 3D 모델링의 데이터가 있는 (즉 3D로 출력하기 위한) 파일이 필요합니다.

3D 프린터들은 수없이 많이 만들어 지고 있습니다. 그렇게 만들어진 3D 프린터에서 서로 같은 3D 프린터 출력파일로 출력하기 위한 기본적(표준이 되는) 데이터파일이 필요합니다.

그래서 이런 기본이 되고 표준이 되는 3D 프린터 데이터파일만 있다면 서로 다른 3D 프린터에서도 출력이 될 수 있도록 파일형식을 정했습니다. 이것이 STL (STereoLithography)이라는 출력 파일형식 입니다.

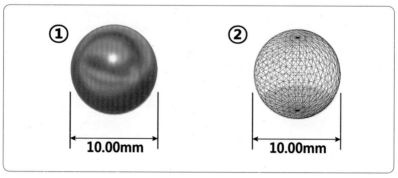

[그림 9-1] 삼각형으로 만들어진 STL 파일

만약에 3D 프린터로 1번과 같은 공을 출력하고 싶다면 똑같은 공을 출력하기는 쉽지 않습니다. 하지만 STL 파일은 공처럼 출력하기 위해 수없이 많은 삼각형 조각으로 나누어 공과 비슷하게 만들어 저장하게 됩니다. 이렇게 저장된 STL 파일형식은 다른 모든 3D 프린터로 출력할 수 있는 기본적인 파일 형식으로 탄생합니다. 하지만 3D 프린터 표준 STL 파일은 색깔을 갖고 있지 않아서 한가지색으로 표현이 됩니다.

하지만 색깔을 가질 수 있는 비싼 3D 프린터도 있습니다. 그런 3D 프린터에서 쓰는 파일형식은 따로 있습니다.

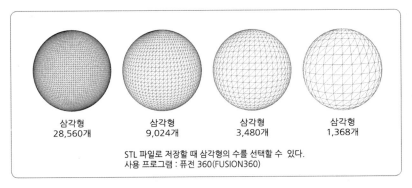

삼각형
28,560개

삼각형
9,024개

삼각형
3,480개

삼각형
1,368개

STL 파일로 저장할 때 삼각형의 수를 선택할 수 있다.
사용 프로그램 : 퓨전 360(FUSION360)

[그림 9-2] 삼각형의 수에 따라 표면의 질감이 달라지는 STL 파일

3D 출력파일 형식 정리하기

1. 컴퓨터에서 3D 프린터로 출력하기 위해 필요한 것은 무엇일까요?

2. 컴퓨터에서 3D 프린터로 출력하기 위해 쓰이는 표준 파일형식은 무엇일까요?

3D

PART→ **10차시**

3D 프린터의 출력과정

3D 프린터의 출력과정

대주제	3D 프린터

핵심 단어	3D 프린터의 출력과정

영 역	3D 프린터의 출력과정

01 ▶ 활동 목표

3D 프린터의 출력과정을 하나 씩 살펴보고 3D 프린터의 출력 방법을 이해할 수 있다.

02 ▶ 활동 자료

3D 프린터의 출력과정 사진 자료

03 ▶ 활동 방법

3D 프린터 출력과정을 살펴보고 다시 정리해 봅시다.

3D 프린터로 직접 출력하는 과정을 하나씩 살펴보고 그 과정에서 필요한 것들이 무엇인지 살펴봅시다.

🔲 완성형 3D 프린터의 출력과정

01 전원연결 및 PC USB 연결

① 3D 프린터 전원 연결 ② 3D 프린터의 USB와 PC연결
③ 3D 프린터 전원 스위치 ON

02 필라멘트 설치 및 준비작업

① 필라멘트 카트리지를 3D 프린터 뒤쪽에 넣기
② 필라멘트를 압출기 입구에 끼워 넣기
③ 필라멘트를 압출기에서 빠지지 않도록 고정시키기
④ 3D 프린터 모니터화면에서 메뉴로 필라멘트의 종류를
   선택하여 노즐 가열시키기
⑤ 노즐이 뜨거워지면 필라멘트가 녹으면서 출력준비 됨

출력 준비 및 베드 가열

① 출력물 고정을 위해 베드에 풀칠하기
② PC나 USB 혹은 Wi-Fi, 3D Gallery에서 3D 파일선택
③ 3D 파일 출력 확인 메시지 확인하기
④ 3D 물체가 만들어 지는 베드의 온도 가열됨(10분 내외)
⑤ 베드 온도가 설정온도에 도달하면 출력이 시작됨

04

출력 시작

① 베드가 제일 위쪽으로 이동
② 압출기가 테스트 필라멘트와 베드 위치 확인 움직임
③ 처음 출력은 베드에 고정시킬 래프팅 출력부터 시작
④ 층층이 출력 시작

05 완성

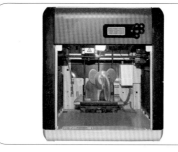

① 베드가 아래쪽으로 내려감
② 완성되면 3D 프린터 모니터 화면에 메시지 확인
③ 베드 온도가 낮아질 때 까지 기다림

06 3D 출력물 제거

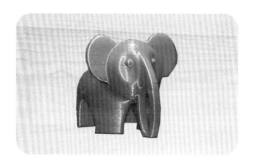

① 3D 프린터에서 분리도구로 3D 출력물 제거
② 고정 풀 제거관리
③ 3D 프린터 내부 및 주변 환기시키기

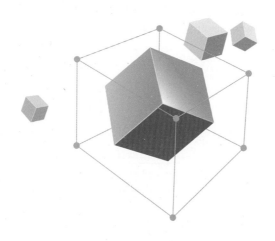

PART→ **11**차시

3D 프린터 출력 파일 얻기

대주제	3D 프린터
핵심 단어	3D 프린터 출력 파일
영 역	3D 프린터 출력파일 얻기

 활동 목표

3D 프린터의 출력을 위해 필요한 STL 파일을 얻기 위한 방법을 알 수 있다.

02 **활동 자료**

3D 프린터 STL 공유사이트

03 **활동 방법**

3D 프린터 출력에 필요한 STL 파일을 STL 공유사이트에서 얻어 봅시다.

3D 프린터로 출력하려면 STL 파일이 필요하다는 것을 알았습니다.
그럼 STL 파일을 얻을 수 있는 방법을 알아보도록 하겠습니다.

🧊 3D 프린터 출력 파일(STL) 공유사이트

01 **STL 파일 사이트**

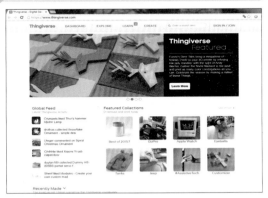

① 웹브라우저에서 http://www.thingiverse.com
   3D 공유사이트로 이동합니다.
② 오른쪽 위에 3D 프린터로 출력하고 싶은 물건의 이름을 검색합니다.

02 **STL 파일 검색**

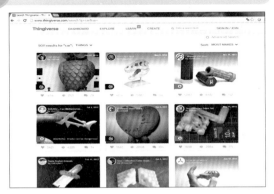

① 자동차를 출력하고 싶다면 검색창에 'car'로 검색합니다.
② 자동차와 관련된 3D 출력파일인 STL 파일 자료가 검색되어 보입니다.
③ 출력하고 싶은 3D자동차 모형을 선택하여 자동차 모형 페이지로
   이동합니다.

① 오른쪽 위 "DOWNLOAD ALL FILES"을 선택합니다.

① 위와 같이 DOWNLOADING FILES...와 같은 창이 열리고
아래쪽에 검색한 모든 3D 파일이 압축파일로 다운로드 됩니다.

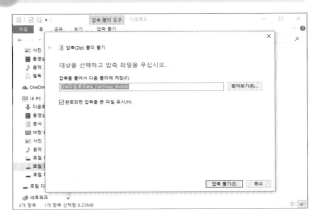

① 브라우저 아래쪽의 ZIP 압축파일을 열어 저장하고 싶은 폴더에 압축파일을 풀어 저장합니다.

3D 프린터 출력 파일(STL) 공유사이트

MyMiniFactory : https://www.myminifactory.com/ 무료 사이트

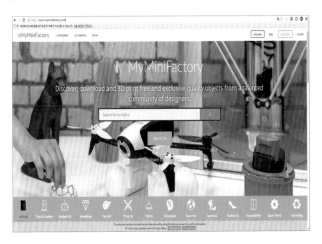

YouMagine : https://www.youmagine.com/ 무료 사이트

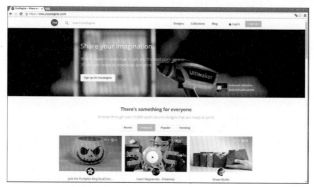

세계적으로 유명한 Ultimaker사에서 관리하는 디자인 공유 사이트입니다.

www.gambody.com 유료 사이트

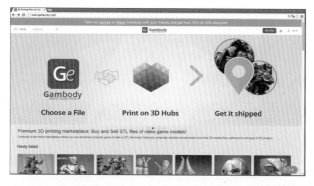

Gambody : 비디오 게임에서 등장하는 캐릭터와 게이머들이 생각할 수 있는 모델들을 공유하고 있습니다. 공유되고 있는 대부분의 3D모델은 지금까지 공유되어 왔던 것들에 비해 매우 높은 수준으로 출력할 수 있습니다.

 공유사이트에서 3D로 출력하기 원하는 파일을 찾아 다운로드 받아 보세요.

알기 쉽게 배우는 3D 프린터

PART→ **12**차시

3D 프린터
출력파일 편집프로그램 (1)

3D 프린터 출력파일 편집프로그램 (1)

대주제	3D 프린터
핵심 단어	3D 프린터 편집프로그램(XYZware)
영 역	3D 프린터 편집프로그램(XYZware)

01 활동 목표

3D 프린터의 STL 파일을 편집하는 프로그램에 대하여 여러 기능을 알 수 있다.

02 활동 자료

3D 프린터 편집 프로그램(XYZware)

03 활동 방법

3D 프린터 편집 프로그램(XYZware)의 설치 및 기본 기능을 확인해 봅시다.

3D 프린터의 출력파일인 STL 파일은 인터넷을 통하여 구할 수 있습니다. 다운로드 받은 STL 파일을 원본 그대로 출력할 수 도 있지만, 내가 갖고 있는 3D 프린터나 원하는 방법에 따라서 다른 크기나 모양으로 출력하고 싶다면 STL 파일을 편집해야 합니다.

STL 편집프로그램에 대하여 알아보도록 합시다.

🧊 3D 프린터 회사에서 만든 STL 편집프로그램(XYZware) 설치 및 기본 기능

01   **XYZ 3D Printer Site SW**

① http://kr.xyzprinting.com/으로 이동하기
② 회원 가입하기
③ 고객지원/다운로드/해당제품선택
④ XYZware.exe 윈도우 down

① 다운받은 XYZware.exe파일을 PC에 설치하기

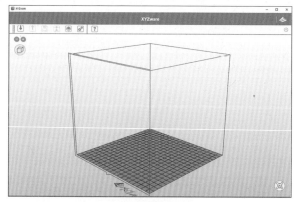

① XYZware 프로그램 처음 실행 화면
② 위쪽엔 메인메뉴, 가운데는 3D 파일 조작 공간

PC에 저장된 STL 파일 불러오기

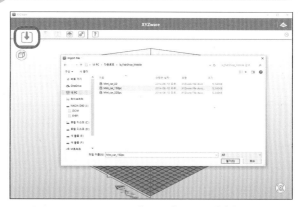

① 화면 왼쪽 위 **불러오기**(import) 아이콘(⬇) 선택하기
② STL 공유사이트에서 내 pc로 다운 받은 폴더에서
   STL 파일 선택하기

05 **STL 편집프로그램으로 STL 파일 불러오기**

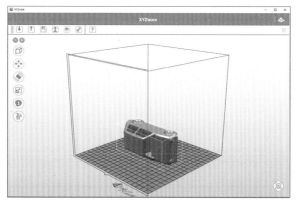

① STL 공유사이트에서 다운로드 한 STL 파일 불러옴

편집프로그램 기본 조작

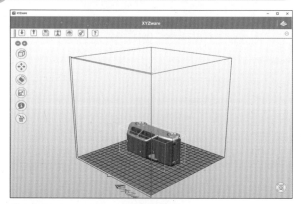

① 마우스 : 3D STL 파일을 회전
② 마우스 휠 : 3D STL 파일 확대 축소

STL 파일 저장하기

① 위쪽 메뉴에서 세 번째 저장하기(Save)아이콘(🖫)을
선택하고 원하는 위치의 폴더에 STL 파일로 저장하기

3D 출력파일인 STL 공유사이트에서 받은 3D 출력파일을
편집프로그램에 실행시켜 봅시다.

3D

3D 프린터
출력파일 편집프로그램 (2)

13차시

3D 프린터 출력파일 편집프로그램 (2)

대주제	3D 프린터
핵심 단어	3D 프린터 편집프로그램
영 역	3D 프린터 편집프로그램

- -

01 활동 목표

3D 프린터의 편집프로그램에서 STL 파일을 편집하여 봅시다.

02 활동 자료

3D 프린터 편집 프로그램

03 활동 방법

3D 프린터 편집 프로그램에서 편집 기능을 활용해 봅시다.

STL 파일을 편집프로그램으로 불러와 3D 출력물을 움직여보고, 회전시켜 보도록 하겠습니다. 3D 프린터에 원하는 위치와 방향에서 출력하고 싶다면 편집프로그램에서 기능을 익혀서 활용해 보도록 합시다.

3D STL 편집프로그램(XYZware)으로 움직이고 회전시켜 보기

01   **STL 파일 선택하기**

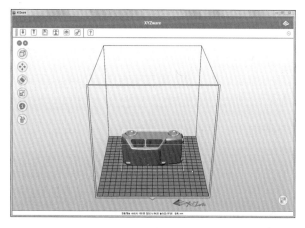

① STL 파일을 편집하기 위해서는 편집프로그램에서 실행될 물체를 선택합니다.
② STL 파일을 선택하면 STL 파일은 테두리가 보이고, 왼쪽에 편집메뉴가 보입니다.

여러 방향에서 보기

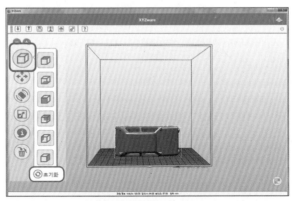

① 왼쪽의 보기(VIEW)정육면체 아이콘(⬛) 을 선택하면 3D를
   여러 방향에서 볼 수 있는 메뉴가 보입니다.
② 처음 보았던 위치로 바꾸려면 아래쪽 초기화(◎)를 선택합니다.

3D 움직이기 1

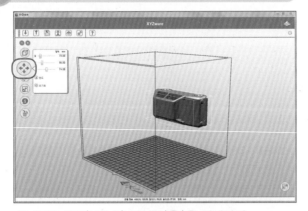

① 3D를 이동(MOVE) 아이콘(✛)을 선택하면
   X,Y,Z 세 방향으로 움직일 수 있도록 하는
   슬라이드 메뉴가 보입니다.

04 **3D 움직이기 2**

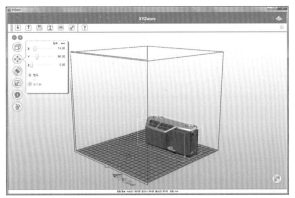

① X,Y,Z 세 방향으로(가로,세로, 높이) 움직이는
슬라이더로 바꿔봅시다.

05 **3D 움직이기 3**

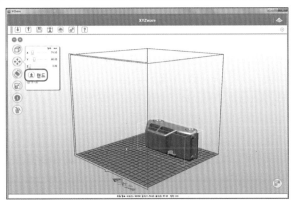

① 3D를 바닥에 내려놓으려면 랜드(⬆)를 선택하여
내릴 수 있습니다.
② 초기화(◉)를 선택하면 처음 위치로 놓을 수 있습니다.

회전하기 1

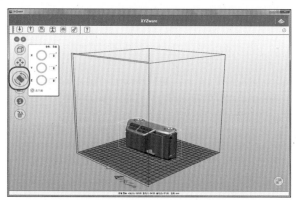

3D 물체를 XYZ 방향으로 회전시킬 수 있습니다.
① 3D를 회전하기(ROTATE)할 수 있는 회전 아이콘(◉)을
   선택하면 X,Y,Z 세 방향으로 회전메뉴가 보입니다.

회전하기 2

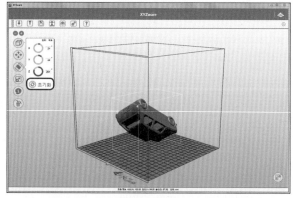

① X,Y,Z (가로, 세로, 높이) 방향으로 마우스를 돌리거나
   숫자를 넣어 3D로 회전 시킬 수 있습니다.
② 초기화(◉)를 선택하여 처음 상태로 바꿀 수 있습니다.

08 확대축소하기 1

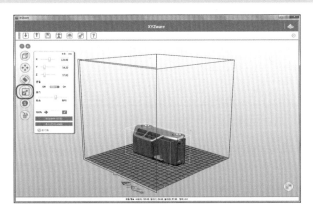

① 3D를 배율(SCALE)아이콘(🔲)을 선택하면
X,Y,Z 세 방향으로 확대, 축소할 수 있는 메뉴가 보입니다.

09 확대축소하기 2

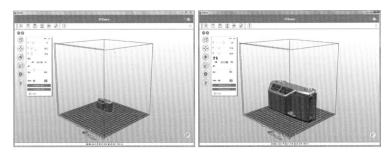

① X,Y,Z 방향으로 슬라이더나 숫자를 넣어 확대 축소할 수
있습니다.

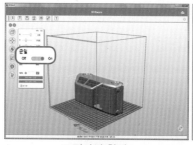 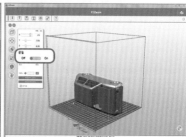

고정하여 확대   고정하지 않고 확대

① 균일의 On을 선택하면 처음 3D STL과 같은 X,Y,Z 비율로
　확대 축소하도록 고정합니다.

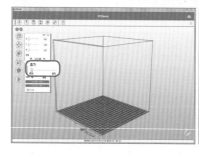 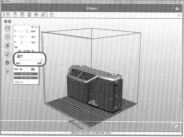

① 크기는 내가 갖고 있는 3D 프린터로 출력할 수 있는
　최소, 최대 크기를 XYZ 방향으로 한 번에 바꿀 수 있습니다.

12 확대축소하기 5

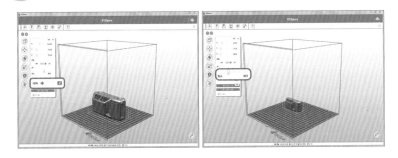

① 100%라는 곳의 화살표 다음 빈칸에는 전체크기를 비율로 줄일 수 있습니다. 현재 크기를 100%라고 할 때 반으로 줄이고 싶으면 50을 입력합니다.

13 3D 출력물 상태 정보 및 삭제하기

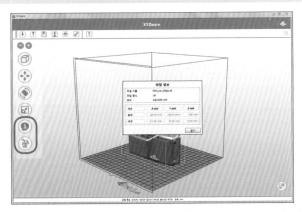

① 편집 메뉴에서 정보(Info)아이콘(🛈)을 선택하면 현재 편집하고 있는 STL 파일의 파일이름, 파일형식, 부피, XYZ 방향의 위치와 크기를 보여줍니다.

② 편집 메뉴에서 제거(Remove)아이콘(🗑)을 선택하면 현재 편집하고 있는 STL 파일이 편집프로그램에서 삭제 되어 없어집니다.

3D STL 파일을 편집프로그램에서 원하는 크기와 위치,
비율에 맞추어 편집하여 봅시다.

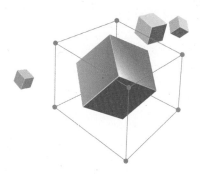

PART→ **14**차시

3D 프린터 모델링

3D 프린터 모델링

대주제   3D 프린터

**핵심
단어**   3D 프린터 모델링 파일

영 역   3D 프린터 모델링 파일

● ●

01 **활동 목표**

3D 프린터의 출력을 위한 모델링파일의 특징과 모델링
파일을 만들 수 있는 프로그램에 대하여 설명 할 수 있다.

02 **활동 자료**

3D 프린터 모델링 파일 관련 프로그램 사진 자료

03 **활동 방법**

3D 프린터 모델링 파일의 특징과 모델링 제작 프로그램을
설명을 통하여 이해하고, 정리해 봅시다.

3D 프린터에서 원하는 출력물을 갖기 위해서는 STL이라는 파일이 필요합니다. 이러한 3D 파일로 만들어 가는 작업을 모델링이라고 합니다. 모델링을 위해 필요한 활동이 무엇이고, 어떤 특징이 있는지 살펴봅시다.

3D 모델링 파일 특징

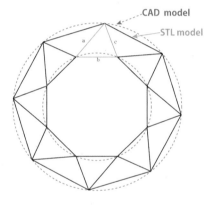

3D 프린터로 출력하려면 STL 파일이 필요합니다. 그런데 이 파일은 3D로 되어 있는, 즉 입체적인 도형으로 만들어진 파일이 있어야합니다.

[그림 14-1] 3D 모델링 된 파일

이러한 3D로 만들어진 파일을 3D 모델링 된 파일이라고 합니다. 3D 모델링 파일의 대표적인 형식으로는 CAD 모델이 있습니다. 그림처럼 원을 모델링하기 위해 빨간색 CAD 모델링 파일을 출력하는 것은 삼각형을 여러 개로 이어 붙여서 3D를 표현하는 파란색 STL 모델링과 조금 차이가 있습니다. 이렇게 CAD로 만들어진 3D 형태의 파일을 3D 프린터 출력을 위해 STL 파일로 바꿔주고 STL 파일을 출력하여 물체를 얻을 수 있습니다.

[그림 14-2] 3D 모델링 파일 제작 및 변환과정

문서를 만들 때 한글과 같은 프로그램이 필요하듯이 3D 모델링 파일을 만들려면 3D 모델링 프로그램이 필요합니다.

3D 모델링 프로그램에는 여러 가지가 있습니다.

3D 모델링 파일 제작 프로그램

3D 모델링 파일을 제작하기 위한 대표적인 프로그램으로는 3Ds MAX, SketchUp, Auto CAD, Fusion360, FreeCAD 등이 있습니다. 하지만 이들 프로그램은 전문적인 3D 파일을 만들 때 사용합니다.

[3D 모델링 응용 프로그램 사용 예]

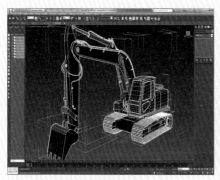

3Ds MAX

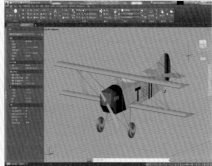

Auto CAD

SketchUp

Fusion360

그래서 간단히 3D를 제작할 수 있는 프로그램으로 PC에 설치하지 않고 Web에서 바로 작업할 수 있는 프로그램을 선택하여 모델링 하도록 하겠습니다.

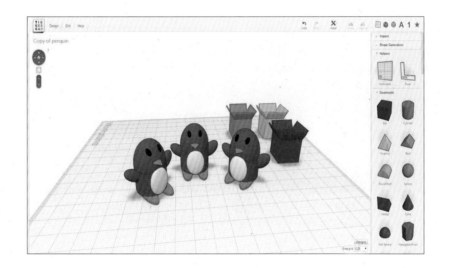

3D

3D 프린터 모델링 프로그램
(틴커캐드 Tinkercad)

15차시 3D 프린터 모델링 프로그램 (틴커캐드 Tinkercad)

 대주제 3D 프린터

 핵심 단어 3D 프린터 모델링 프로그램

 영 역 3D 프린터 모델링 프로그램 (틴커캐드 Tinkercad)

---

01 활동 목표

3D 프린터 모델링 프로그램인 틴커캐드 프로그램 기본 설정에 대하여 알아보고 활용 할 수 있다.

02 활동 자료

3D 프린터 모델링 프로그램 틴커캐드

03 활동 방법

3D 프린터 모델링 프로그램 틴커캐드를 사용하기 위한 방법과 프로그램 환경을 실행해 보고 실습해 봅시다.

3D 출력물을 만들기 위해서 틴커캐드를 활용하여 모델링 파일을 만들어 보겠습니다. 기본적으로 틴커캐드를 사용하기 위해 필요한 일이 무엇인지 알아보도록 하겠습니다.

🧊 틴커캐드 계정 만들기

01 틴커캐드로 이동하기

① http://www.tinkercad.com 홈페이지로 이동하기

02 틴커캐드 계정 만들기 1

① 틴커캐드 홈페이지 오른쪽 위 **등록**을 선택해서
　 계정 만들기 창을 열어줍니다.

03 틴커캐드 계정 만들기 2

① 국가 : 대한민국을 선택합니다.
② 이름, 비밀번호를 작성합니다.

틴커캐드 계정 만들기 3

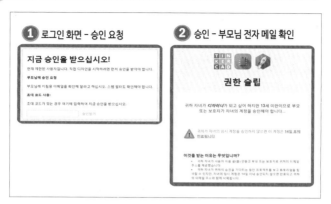

① 13세 미만이 가입할 경우 부모님의 전자메일이 필요합니다.
② **계정작성**을 선택합니다.

틴커캐드 계정 만들기 4

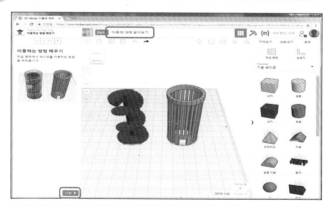

① 첫 학습화면 상단의 **이동에 대해 알아보기**
   왼쪽 하단에 학습 진행 화살표(**다음**)가 보입니다.
② 첫 학습 화면을 끝내려면 왼쪽 아래 메뉴에서 종료를
   선택합니다.

틴커캐드 프로그램 환경 1

① 틴커캐드의 계정과 관계 된 화면이 보입니다.
② 내 계정 이미지를 바꾸려면 계정 밑에 있는
   "프로파일 편집"을 선택하여 수정화면으로 갑니다.

틴커캐드 프로그램 환경 2

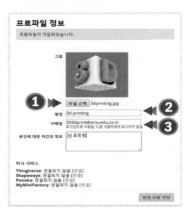

① 편집화면에서 사진과 별칭 등을 고치고
   아래쪽 **변경사항 저장**을 사용하여 저장합니다.

① 왼쪽 위 TINKERCAD를 선택하여 다시 내 계정으로 작업하고
   있는 상태로 되돌아옵니다.
② 내 최근 디자인에서 **새 디자인 작성**을 선택하여
   새로운 3D 모델을 만드는 편집화면으로 갈 수 있습니다.

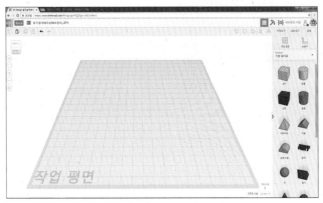

① 상단의 메뉴는 아래와 같은 메뉴들이 있습니다.

[틴커캐드 기본 명령어]

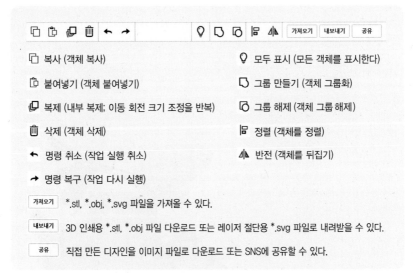

- ⎘ 복사 (객체 복사)
- ⎗ 붙여넣기 (객체 붙여넣기)
- ⧉ 복제 (내부 복제; 이동 회전 크기 조정을 반복)
- 🗑 삭제 (객체 삭제)
- ← 명령 취소 (작업 실행 취소)
- → 명령 복구 (작업 다시 실행)

- ♀ 모두 표시 (모든 객체를 표시한다)
- ▽ 그룹 만들기 (객체 그룹화)
- ▽ 그룹 해제 (객체 그룹 해제)
- ▐◧ 정렬 (객체를 정렬)
- ◢◣ 반전 (객체를 뒤집기)

가져오기 *.stl, *.obj, *.svg 파일을 가져올 수 있다.

내보내기 3D 인쇄용 *.stl, *.obj 파일 다운로드 또는 레이저 절단용 *.svg 파일로 내려받을 수 있다.

공유 직접 만든 디자인을 이미지 파일로 다운로드 또는 SNS에 공유할 수 있다.

3D 프린터
모델링 프로그램 기초
- 틴커캐드 기본조작 (1)

3D 프린터
모델링 프로그램 기초
- 틴커캐드 기본조작 (1)

대주제   3D 프린터

**핵심
단어**   3D 프린터 모델링 프로그램

영 역   3D 프린터 모델링 프로그램
(틴커캐드 Tinkercad) 기초

● ●

01 활동 목표

3D 프린터 모델링 프로그램인 틴커캐드 프로그램의
기본적인 조작을 할 수 있다.

02 활동 자료

3D 프린터 모델링 프로그램 틴커캐드

03 활동 방법

3D 프린터 모델링 프로그램 틴커캐드의 기본적인 조작을
실습해 봅시다.

3D 모델링 편집프로그램에서 기본적인 조작

틴커캐드 3D 모델링 기본조작 (1)

01 **틴커캐드 편집화면 움직이기 1**

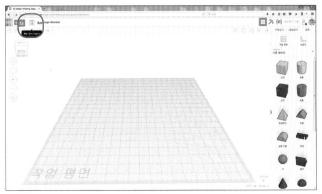

① 틴커캐드에 로그인 하여 **새 디자인 작성**을 선택하여
편집화면으로 이동합니다.

02 **틴커캐드 편집화면 움직이기 2(작업대 처음위치)**

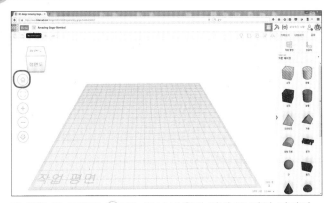

① 왼쪽 원 모양의 ⌂ 메뉴에서 가운데 아래 쪽 작업 평면의
처음 위치를 뜻하는 집 모양이 있습니다.
3D 물체를 여러 방향에서 보다 처음 위치에서 보고 싶다면
이 메뉴를 선택합니다.

03 틴커캐드 편집화면 움직이기 3(작업대 방향 바꾸기)

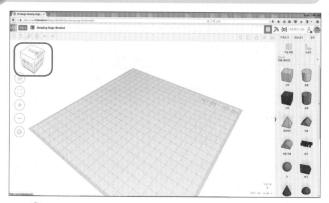

① 메뉴에서 4방향을 선택하면 작업대를 왼쪽, 오른쪽, 위,
아래방향으로 바꾸면서 작업할 수 있습니다.

② 방향을 바꾸어 작업하다 다시 집 메뉴를 선택하여 처음위치에서
확인하면서 작업합니다.

04 틴커캐드 편집화면 움직이기 4(작업대 확대 축소)

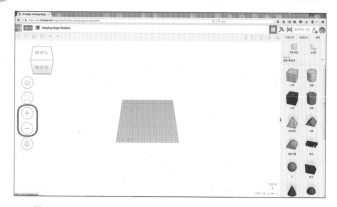

① 메뉴에서 +, −를 선택하여 작업대를
확대 축소할 수 있습니다.

틴커캐드 편집화면 움직이기 5(마우스 조작)

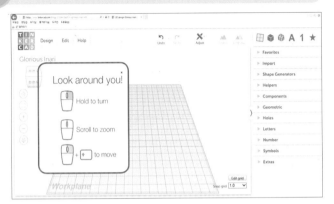

① 마우스 오른쪽 버튼을 누르고 움직이면 작업대의 상하좌우를 바꿀 수
있습니다.
② 마우스 휠은 확대축소에 쓰입니다.
③ 마우스 오른쪽 버튼과 휠을 동시에 누르면 작업대 전체를 움직일 수 있습니다.
④ 마우스로 작업하면 훨씬 빠른 작업을 할 수 있습니다.

06 **틴커캐드 편집화면 눈금크기 바꾸기**

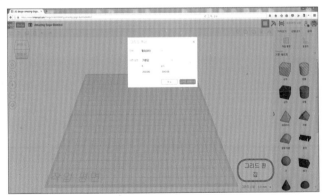

① 작업대 오른쪽 아래 그리드 편집을 선택하여 눈금기준을
cm와 inch로 서로 바꿀 수 있고, 한 눈금의 크기도 바꿀 수 있습니다.
② 내가 갖고 있는 3D 프린터 출력크기에 맞추어 바꿀 수 있습니다.

07 틴커캐드 편집 메뉴 1

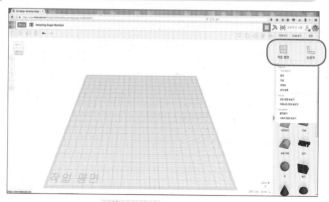

① 오른쪽 위 메뉴 ▦작업평면 ⌙눈금자 는

　3D 모델링을 만들기 위한 메뉴들로 구성되어 있습니다.

　아래 쪽 메뉴들과 함께 활용합니다.

08 틴커캐드 편집메뉴 2(도움모양 1)

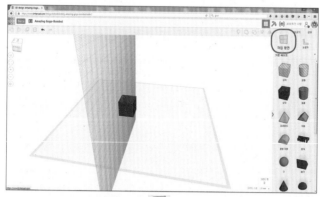

① 오른쪽 메뉴에서 첫 번째(▦) 는 3D 모델링 작업에 도움을 얻을 수 있는
　눈금모양을 정하는 곳 입니다.

② 작업 평면을 선택하여 3D 모델링 면에 클릭하면 현재 작업하는
　3D 모델링 면에 작업대를 만들어 보여줍니다. 다시 처음 작업대를
　원한다면 3D 모델링외 다른 쪽을 선택합니다.

③ 정확한 3D 모델링을 하고 싶을 때 활용합니다.

틴커캐드 편집메뉴 3(도움모양 2)

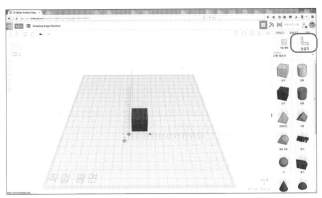

① 두 번째 **눈금자**를 선택하면 3D 모델링의 크기와 간격 등을 정확히 잴 때 활용합니다.
② 원 모양을 클릭하여 움직이면 자의 위치를 바꿀 수 있고, X를 선택하면 자를 안보이게 할 수 있습니다.

편집화면에 3D 모델 가져오기 1

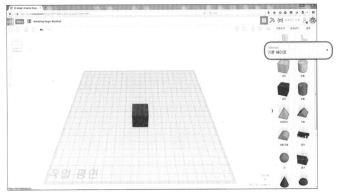

① 두 번째($^{Tinkercad}_{기본 쉐이프}$ ▾) 메뉴를 선택하면 여러 가지 입체도형 모양들이 보입니다. 여기서 원하는 모양을 끌어다 작업대에 올려놓습니다.

11 편집화면에 3D 모델 가져오기 2

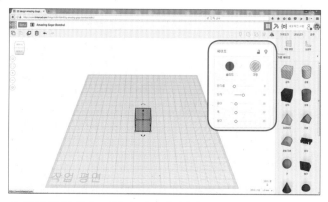

① 빨간색 육면체 도형이 작업대에 놓이면 위쪽에 **쉐이프**라는
   창이 열립니다. 3D 모델의 특징을 정하는 곳입니다.
② **솔리드**를 선택하면 색깔을 바꿀 수 있습니다.
③ **구멍**을 선택하면 3D 모델이 투명하게 바뀌며 복잡한
   3D 모델을 만들 때 활용됩니다.

12 3D 모델 저장하기

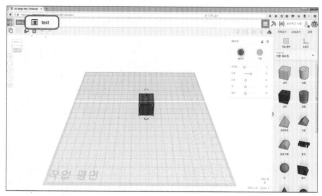

① 작업을 끝낸 3D 모델을 왼쪽 위 메뉴에서 파일이름을
   선택하여 원하는 이름으로 바꾸면 자동 저장됩니다.

① 저장 후 왼쪽의 My Designs을 선택하여 방금 저장한 목록을
확인합니다.

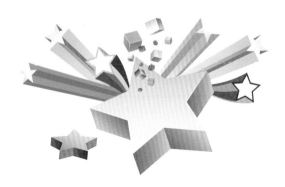

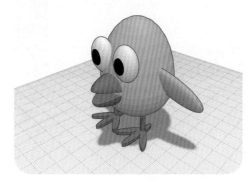

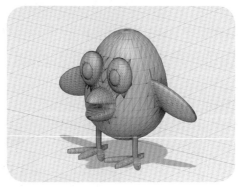

PART→ **17**차시

3D 프린터
모델링 프로그램 기초
- 틴커캐드 기본조작 (2)

17차시

3D 프린터 모델링 프로그램 기초
- 틴커캐드 기본조작 (2)

대주제 3D 프린터

핵심 단어 3D 프린터 모델링 프로그램

영 역 3D 프린터 모델링 프로그램(틴커캐드) 메뉴

---

01 활동 목표

3D 프린터 모델링 프로그램인 틴커캐드 프로그램 메뉴의 특징에 대하여 살펴보고 확인하여 정리할 수 있다.

02 활동 자료

3D 프린터 모델링 프로그램 틴커캐드

03 활동 방법

3D 프린터 모델링 프로그램 틴커캐드 메뉴 특징을 알아보고 실습 해 봅시다.

3D 모델링 편집프로그램에서 3D 모델링과 관련한 메뉴들의 특징을 살펴보고 실습하여 확인해 봅시다.

🧊 틴커캐드 3D 모델링 기본조작 (2)

01   **틴커캐드 실행하기**

① 틴커캐드 홈페이지에서 로그인 하여 나의 캐릭터를 마우스로 선택하고 새로 만들기를 선택하여 초기화면으로 들어옵니다.

02   **틴커캐드 3D 모델 놓기**

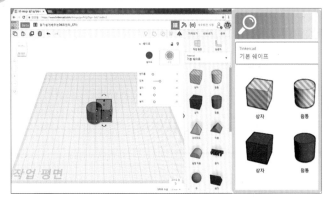

① 오른쪽 메뉴 중 기본 쉐이프에서 비어 있는 3D 모델을 가져와서 편집할 수 있습니다.

03 틴커캐드 글자 3D

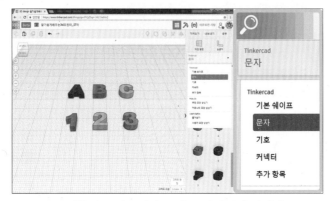

① 오른쪽 펼침목록 메뉴에서 **문자**를 선택하여 알파벳

　 A, B, C 를 놓습니다. (영문자 또는 숫자를 선택할 수 있습니다.)

② 입체도형과 같이 활용하거나 문자를 출력할 때 사용합니다.

04 틴커캐드 기호 3D

① 오른쪽 펼침목록 메뉴에서 **기호**를 선택하면 여러 종류의

　 기호를 활용할 수 있습니다.

② 역시 다른 입체도형과 같이 활용하거나 문자를 출력할 때 사용합니다.

기타 3D 모델메뉴 1

① 오른쪽 펼침목록 메뉴에서 커넥터를 선택하면 3D 모델끼리
연결하는 역할에 사용하는 3D 모델을 활용할 수 있습니다.

기타 3D 모델메뉴 2

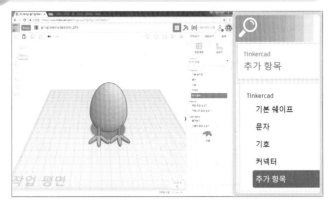

① 오른쪽 펼침목록 메뉴에서 마지막 메뉴인 **추가 항목**을
선택합니다.

기타 3D 모델메뉴 3

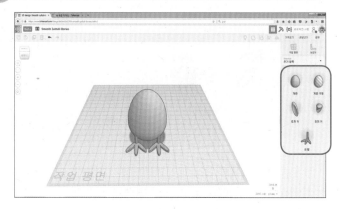

① 닭의 여러 부분으로 나누어진 3D 모델을 볼 수 있습니다.

기타 3D 모델메뉴 4

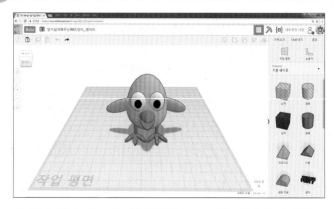

① 여러 부분으로 나누어진 닭의 3D 모델을 연결해 가면서
닭 모양을 완성해 나갈 수 있습니다.

틴커캐드 3D 모델 편집 메뉴

01 편집 활용 메뉴 1

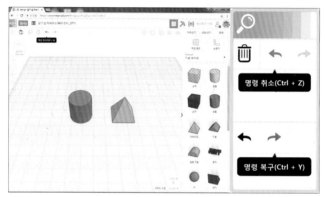

① 3D 모델링 작업을 하다가 조금전 작업으로 다시 가거나 아니면 조금 전 작업으로 다시 실행 할 경우 왼쪽의 위 **명령취소(←)** 와 **명령복구(→)**를 사용합니다.

02 편집 활용 메뉴 2

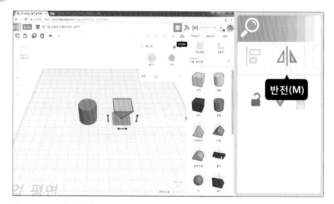

① 3D 모델 하나를 선택하면 모델 옆 화살표로 3방향의 크기를 조절할 수 있고 **반전(◢◣)**을 선택하면 모델 옆 화살표로 방향을 조절할 수 있습니다.

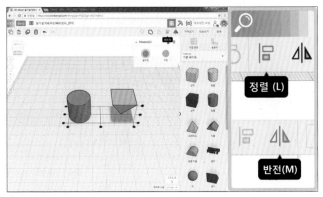

① 두 개의 3D 모델들을 나란히 정렬하고 싶다면 두 개를 마우스로
  같이 드래그해서 묶은 후 **정렬** |◻(L)을 선택 합니다.
② 두 개의 3D 모델 역시 묶은 후 **반전**◢◣(M)을 선택하여 조작할 수
  있습니다.

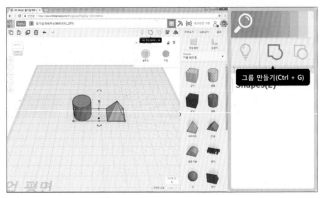

① 두 개의 3D 모델을 하나의 그룹으로 작업하려면
  두 개의 3D 모델을 선택하여 **그룹 만들기** ◻(Ctrl+G)를
  선택하여 만듭니다.

3D

PART→ **18차시**

3D 프린터 모델링 프로그램
- 틴커캐드로 간단한
3D 모델 만들고 조작 해보기

18차시

3D 프린터 모델링 프로그램
- 틴커캐드로 간단한 3D 모델 만들고 조작 해보기

대주제　3D 프린터

핵심 단어　3D 프린터 모델링 프로그램

영 역　3D 프린터 모델링 프로그램(틴커캐드)으로 간단한 3D 모델 만들기

- -

01 　활동 목표

3D 프린터 모델링 프로그램인 틴커캐드 프로그램으로 간단한 3D 모델을 만들고 3D 모델을 조작할 수 있다.

02 　활동 자료

3D 프린터 모델링 프로그램 틴커캐드

03 　활동 방법

3D 프린터 모델링 프로그램 틴커캐드의 조작을 통해 간단한 모델을 만들고 조작하는 실습을 해 봅시다.

3D 모델을 만들고 3D 모델 주변에 생기는 여러 편집 방법에 대
하여 알아보고 직접 실습해 봅시다.

🎁 틴커캐드 3D 모델을 만들고 여러 가지 편집하기

01   **틴커캐드 3D 물체 놓기**

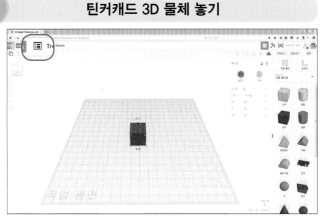

　① 틴커캐드 홈페이지에서 로그인 하여 새 **디자인 작성**을
　　선택하여 초기화면에서 3D 모델(육면체) 한 개를 놓습니다.

02   **틴커캐드 3D 확대하기**

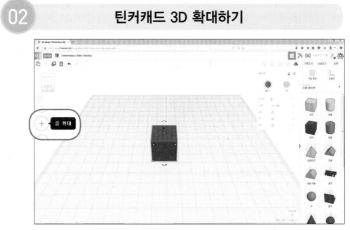

　① 작업대에서 3D 모델 편집을 위해 왼쪽 메뉴　에서
　　'+'를 선택하여 확대합니다.

03

3D 모델 조절점 확인

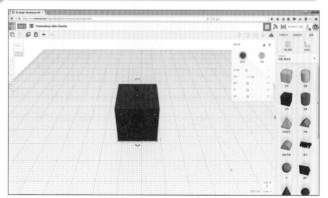

① 3D 모델을 선택하면 여러 개의 점들이 보입니다.

흰 점과 검은 점, 원뿔모양의 검은 점, 곡선, 양방향 화살 표등이
보입니다. 각각의 역할을 알아보겠습니다.

04

3D 모델 3방향 조절점 1

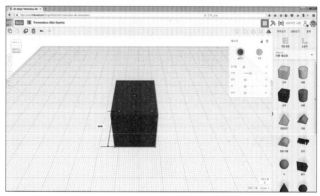

① 3D 모델의 크기를 바꾸려면 두 가지 방법이 있습니다.

아래쪽 4곳의 검은 사각형 조절점은 한 변의 크기를 바꿀 수 있습니다.

② 마우스로 한 변의 조절점을 당기면 늘어난 길이만큼 크기를
표시하면서 크기가 늘어납니다.

3D 모델 3방향 조절점 2

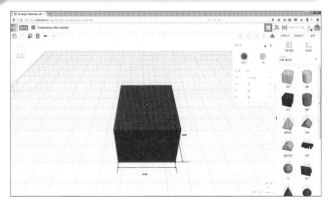

① 3D 모델의 조절점 중에서 5개의 흰점은 입체도형의
꼭짓점에 있습니다. 이 부분을 마우스로 조작하면
두 개의 방향으로 한꺼번에 움직일 수 있습니다.

작업대에서 띄어놓기

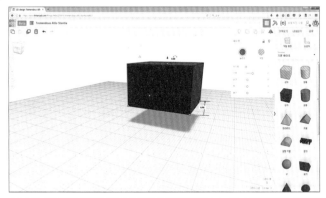

① 3D 모델을 편집하다 현재 작업대에서 높이 방향으로 띄우려고
합니다. 원뿔 모양의 조절점을 이용해서 위쪽으로 움직이면
작업대에서 위로 움직이고, 띄워진 높이와 움직인
거리를 표시합니다.

작업 되돌리기

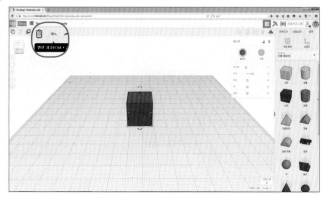

① 위쪽 메뉴 **명령취소** ← (Ctrl+Z)를 선택하여 바로 전 단계의
작업으로 가도록 하고, 이런 작업을 여러 번 해서 처음 상태로
만들어 봅니다.

3D 방향 움직이기 1

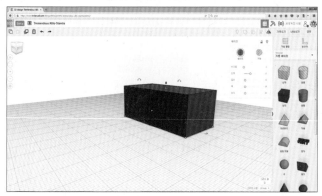

① 3D 모델을 3가지 방향으로 돌리기 위해서 3D 모델을 확대한 후
비스듬한 위치에 놓고 3D 모델을 선택합니다.
② 3가지 방향을 선택할 수 있도록 3가지 방향 화살표가 보입니다.

3D 방향 움직이기 2

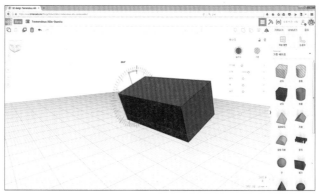

① 방향 화살표 하나를 선택하면 정확한 각도로 움직이기 위해
   각도눈금이 보입니다. 마우스로 움직이면 각도 크기가 표시되고
   그 방향 만큼 움직입니다.

3D 방향 움직이기 3

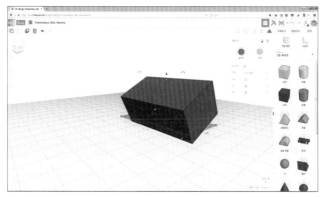

① 3D 모델이 움직이고 난 다음 아래쪽에 점선으로
   현재 3D 모델이 공간에서 차지하고 있는 정도를 표시합니다.

11   **다른 3D 모델 조절점**

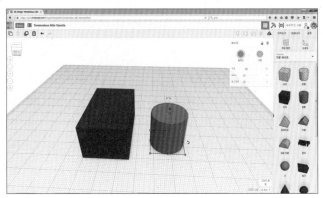

① 여러 종류의 입체도형을 가져와서 서로 다른 조절점의
개수를 확인하고 크기를 바꾸어 봅시다.

12   **2개의 3D 모델 조절점**

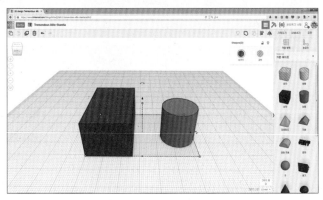

① 두 개의 3D 모델을 동시에 크기를 조절할 수 있도록 해봅시다.
마우스로 두 개의 3D 모델이 포함되도록 끌고 놓기를 하면
새로운 조절점이 보입니다.

2개의 3D 모델 조절하기

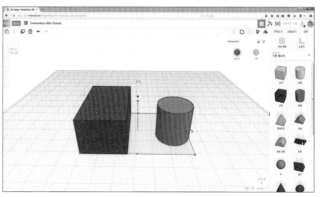

① 새로운 조절점에 마우스 포인터를 놓고 드래그 하면
3D 모델이 커지거나 작아집니다.

2개의 3D 모델 크기 조절하기

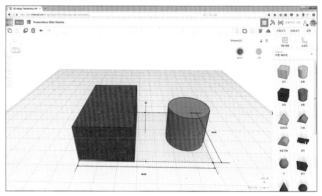

① 두 개의 3D 모델을 동시에 크기를 조절할 수 있도록 해봅시다.

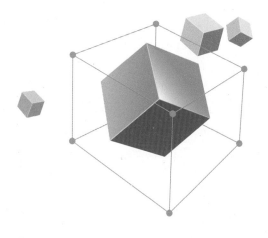

3D

PART→ **19**차시

3D 프린터 모델링 프로그램 기초
- 틴커캐드 STL 파일로 바꾸기

3D 프린터 모델링 프로그램 기초
- 틴커캐드 STL 파일로 바꾸기

대주제	3D 프린터
핵심 단어	3D 프린터 모델링 프로그램
영 역	3D 프린터 모델링 프로그램을 출력파일인 STL로 바꾸기

01 활동 목표

3D 프린터 모델링 프로그램인 틴커캐드 프로그램에서
3D 모델링을 하여 3D 프린터 출력파일인 STL 파일로 바꾸어
저장할 수 있다.

02 활동 자료

3D 프린터 모델링 프로그램 틴커캐드

03 활동 방법

3D 프린터 모델링 프로그램 틴커캐드의 3D 모델을
STL 파일로 만들어 STL 파일을 편집하는 프로그램으로
불러와 봅시다.

원하는 3D 모델을 만들었으면 3D 프린터로 출력하기 위해 STL 파일로 바꾸어 저장하고 내 PC에 있는 STL 편집프로그램을 불러 봅시다.

🧊 틴커캐드 STL 파일로 바꾸기

01 　　　　**틴커캐드 STL 파일로 바꾸기**

① 틴커캐드에 로그인 하면 **내 최근 디자인**이 보입니다.
② 내 최근 디자인 중 STL 파일로 바꿀 디자인에 마우스포인트를 놓고 이 항목 편집을 선택 합니다.

02 　　　　**메뉴에서 선택하기 1**

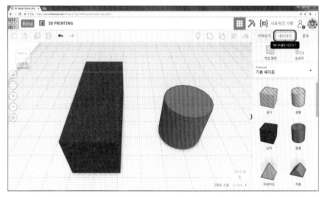

① 작업이 끝난 3D 모델은 오른쪽 위 **내보내기**를 선택합니다.

메뉴에서 선택하기 2

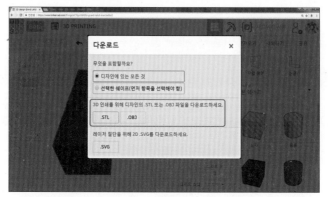

① STL 파일로 바꾸기 위한 팝업 메뉴가 열리면서 3D 출력과 관계있는
항목과 파일을 선택할 수 있도록 합니다. (모든 3D 모델을
선택하든지 선택한 모델만 활용할 수 도 있습니다.)

메뉴에서 선택하기 3

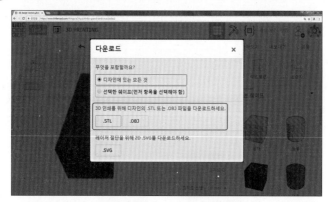

① 3D 프린터에 따라 지원하는 파일 형식을 정할 수 있습니다.
보통 STL이 가장 많이 쓰이고 OBJ파일 형식도 쓰이기도 합니다.

STL 선택하기

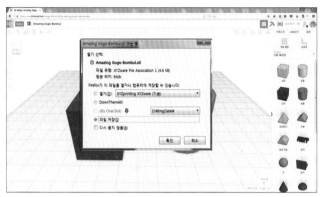

① STL 파일을 선택하면 브라우저 아래쪽에서 현재 틴커캐드에서
작업하고 있는 3D 모델이 내 PC에 STL 파일로 바뀌어
다운로드 되어 있습니다.

STL 편집프로그램 열기

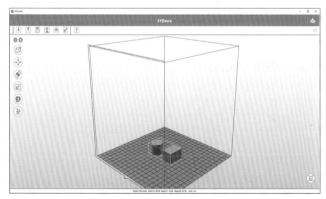

① 다운 받은 STL 파일은 **열기**를 선택하면 연결되어 있는
3D 편집프로그램이 열립니다. 조금 전 틴커캐드에서
작업한 3D 모델이 STL 파일 형식으로 바뀌어
편집프로그램에서 보입니다.

STL 편집프로그램 편집

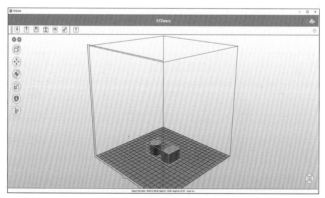

① 이전에 실습한 STL 파일 편집프로그램 작업 방법에 따라
편집, 저장합니다.

윈도우 10 프로 STL파일 편집프로그램 1

① 윈도우 10에서 STL 파일을 편집할 수 있습니다.
② 시작메뉴에서 **3D Builder**를 선택합니다.

09 윈도우 10 프로 STL 편집프로그램 2

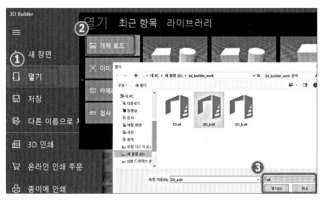

① 3D Builder 프로그램에서 왼쪽메뉴 중 열기 메뉴 안에 있는
　개체 로드를 선택합니다.
② 작업하려는 STL파일을 선택하여 열기 버튼으로 열어 줍니다.

10 윈도우 10 프로 3D Builder 편집하기 1

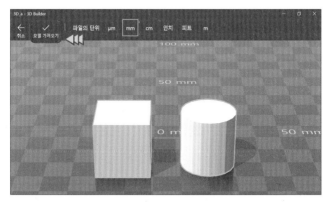

① 작업하려는 STL파일이 위와 같이 준비되었습니다.
② 왼쪽 위 메뉴에서 　✓모델 가져오기　 를 선택합니다

| 11 | 윈도우 10 프로 3D Builder 편집하기 2 |

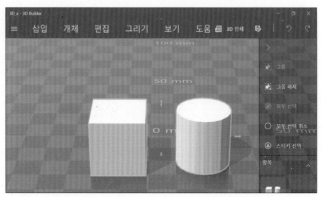

① 3D Builder로 편집할 수 있는 상태로 바뀝니다.

| 12 | 윈도우 10 프로 3D Builder 편집하기 3 |

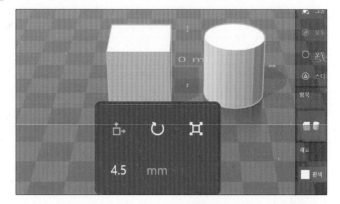

① 아래 쪽 도구 창에서 위치 이동(🔁), 방향 바꾸기(↻),
크기조절(🔁)을 나타내는 3가지 메뉴를 선택해 가면서
편집할 수 있습니다.

3D

PART→ **20차시**

3D 모델링 프로그램
- 모델링 작업 (1)

3D 모델링 프로그램
- 모델링 작업 (1)

대주제	3D 프린터

핵심 단어	3D 프린터 모델링

영 역	3D 프린터 모델링 편집하기 (그룹 만들기, 빼기, Hole)

01 활동 목표

틴커캐드 프로그램으로 간단한 모델링 편집 작업을
할 수 있다.

02 활동 자료

3D 프린터 모델링 프로그램 틴커캐드

03 활동 방법

틴커캐드 프로그램으로 3D 모델을 그룹 만들기와 빼기,
Hole을 활용하여 원하는 모델을 편집해 봅시다.

원하는 3D 모델을 만들었으면 3D 프린터로 출력하기 위해 STL 파일로 바꾸어 저장하고 내 PC에 있는 STL 편집프로그램으로 불러봅시다.

틴커캐드 그룹 만들기, 빼기, Hole 작업하기

01 　　　　　　　**저장된 3D 파일 불러오기**

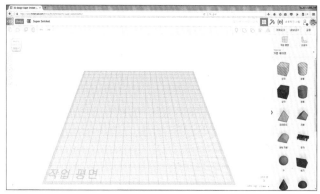

① 틴커캐드에 로그인하여 새로운 모델링 준비작업을 합니다.

02 　　　　　　　**2가지 3D 모델 불러오기**

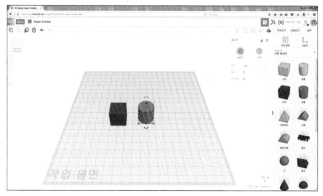

① 서로 다른 두 가지 3D 모델을 불러옵니다.

3D 모델 중 빼기 모델 선택하기

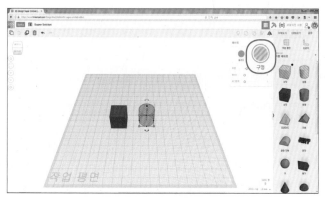

① 두 가지 3D 모델에서 모형 모양대로 잘라낼(구멍) 역할을 하는
모델을 선택하여 **구멍(⬤)**을 선택합니다.

구멍역할 3D 모델을 잘라 낼 부분 선택하기

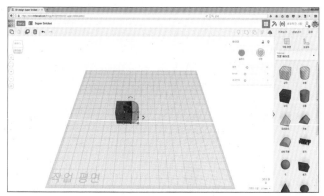

① 육면체에서 잘라낼 부분과 위치를 정한 다음 원기둥(구멍)역할
3D 모델을 가져다 놓습니다.

두 3D 모델을 한꺼번에 그룹만들기 1

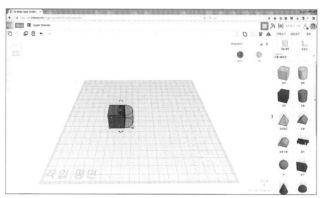

① 육면체 3D 모델에서 원기둥모양 만큼 구멍 낸 부분이 겹쳐진
상태에서 마우스로 두 개 모두를 선택합니다.

두 3D 모델을 한꺼번에 그룹만들기 2

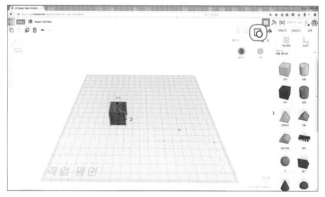

① 마우스로 선택된 2개의 3D 모델을 모두 메뉴에서
그룹만들기 (Ctrl+G)를 선택합니다
② 선택하면 원기둥이 겹쳐진 만큼 뺀 부분이 남게 됩니다.

📦 내 영문이름을 새겨 넣어 보기

01 이름을 새겨 넣을 육면체를 가져오기

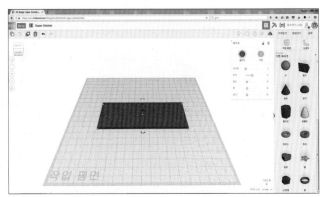

① 육면체 하나를 가져와서 색깔과 크기를 바꾸어 봅니다.

02 영문이름 3가지 알파벳 가져오기 1

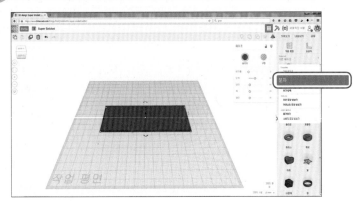

① 오른쪽 위 메뉴에서 **문자 메뉴**를 선택합니다.

영문이름 3가지 알파벳 가져오기 2

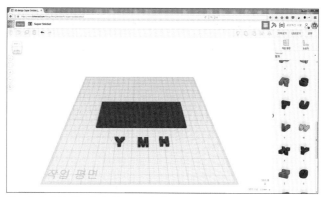

① 자기이름에 해당하는 알파벳 3가지를 가져옵니다.

영문이름 편집하기 1

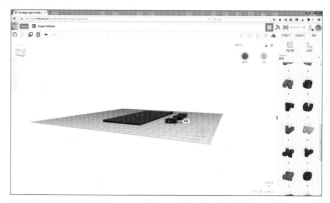

① 영문자가 육면체보다 높은 크기를 갖기 위해 높이를 비교합니다.
   (육면체의 높이 조절점에 마우스를 놓아서 육면체의 높이 숫자와
   영문자의 높이 숫자 크기를 비교합니다.)

영문이름 편집하기 2

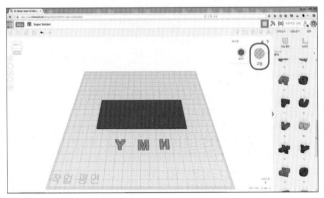

① 비교한 다음 두 숫자의 크기를 같게 하거나 영문자를 높게
만들어 놓고 영문자의 크기를 조절합니다.
② 크기를 조절한 영문자 모두를 **구멍(🔵)**으로 바꿉니다.

영문이름 편집하기 3

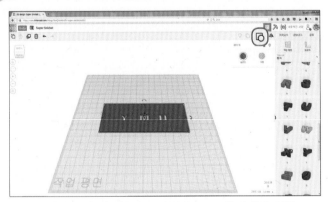

① 육면체 위에 이름을 새길 위치에 놓고, 육면체와 영문
모두를 **그룹 지정 (🔲)** 합니다.

PART→ **21**차시

3D 모델링 프로그램
- 모델링 작업 (2)

대주제 3D 프린터

핵심
단어 3D 프린터 모델링

영 역 3D 프린터 모델링 편집하기(모양 만들기)

01 활동 목표

틴커캐드 프로그램으로 간단한 모델링 모양 만들기
작업을 할 수 있다.

02 활동 자료

3D 프린터 모델링 프로그램 틴커캐드

03 활동 방법

틴커캐드 프로그램으로 모양 만들기의 선택활동으로
여러 모양을 3D 모델로 만들어 봅시다.

기본적인 배경 틀이나 모양을 활용하여 내가 갖고 있는 사진을
출력할 수 있는 모델링 작업을 해보도록 합시다.

🧊 틴커캐드 모양 만들기

01 새로운 3D 모델 준비

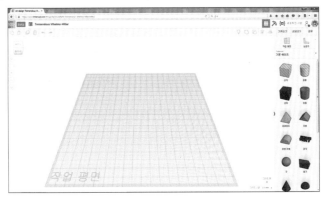

① 틴커캐드에 로그인하여 새로운 모델링 준비작업을 합니다.

02 Shape Generators

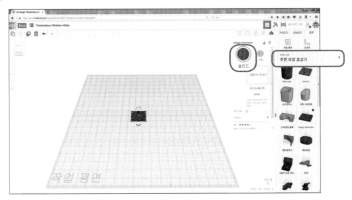

① 오른쪽 메뉴에서 **추천모양 생성기**를 선택하고
Image Generator를 선택하고 **솔리드(⬤)**에서 색상을
선택합니다.

03 추천 모양생성기 활용 1

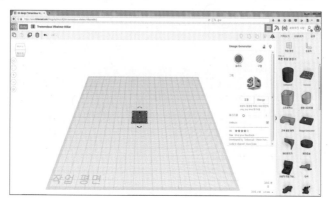

① Image Generator의 여러 가지 선택 할 수 있는 것 중에
그림에서 내 PC에 출력하고 싶은 그림자료를 가져오거나
선택합니다.

04 추천 모양생성기 활용 2

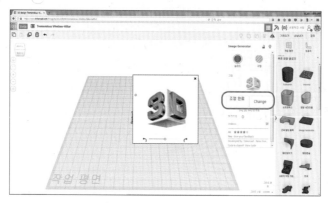

① **조정**을 선택하여 선택 창에서 크기와 회전을 조절하고,
Change를 통해 다른 그림으로 바꿀 수 있습니다.

추천 모양생성기 활용 3

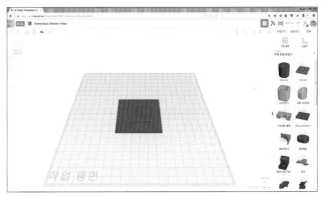

① 가져온 그림은 Image Generator위에 놓여 집니다.

🧊 틴커캐드 컵 만들기

기본 쉐이프에서 컵 모양 편집하기 1

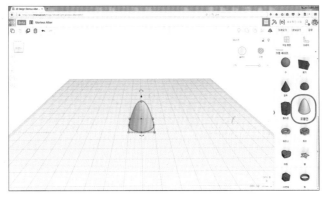

① 기본 쉐이프에서 컵을 뒤집은 모양의 포물면을 하나
가져옵니다.

기본 쉐이프에서 컵 모양 편집하기 2

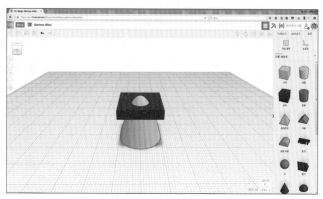

① 컵의 아래 평평한 면을 만들어 내기 위해 육면체를 가져와
   자를 준비를 합니다.
② 육면체는 높이를 줄여서 컵 모양에 겹치도록 놓습니다.

기본 쉐이프에서 컵 모양 편집하기 3

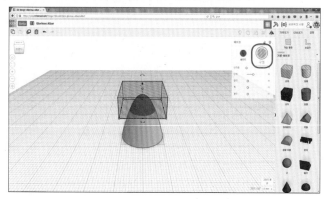

① 육면체의 위치가 컵의 가운데 와 있다면 컵을 모두 덮도록
   육면체의 높이를 올립니다. 그리고 육면체를 **구멍**( )으로 바꿉니다.

기본 쉐이프에서 컵 모양 편집하기 4

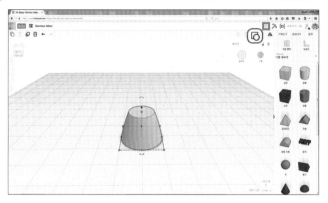

① 두 개의 3D 모델을 모두 선택하여 Group (🔾) 을 만듭니다.

기본 쉐이프에서 컵 모양 편집하기 5

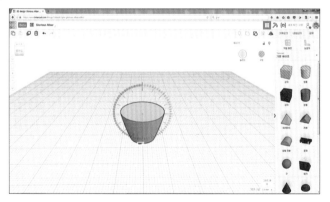

① 각도를 바꾸어 뒤집어서 컵 모양을 제자리에 놓습니다.

기본 쉐이프에서 컵 모양 편집하기 6

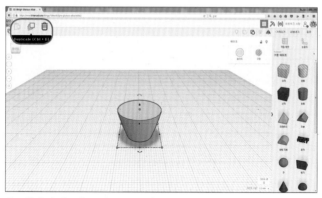

① 제자리에 있는 컵 3D 모델과 같은 것을 하나 더 만들기 위해
   키보드 Ctrl + D 키를 선택합니다.
② 같은 위치에 같은 크기로 복사 되어서 화면에서는 변화가
   없습니다.

기본 쉐이프에서 컵 모양 편집하기 7

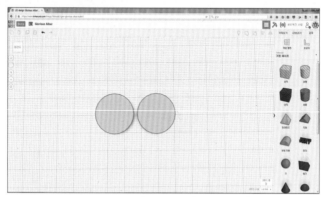

① 컵 안쪽을 클릭하여 오른쪽으로 드래그하면
   하나 더 보입니다.

기본 쉐이프에서 컵 모양 편집하기 8

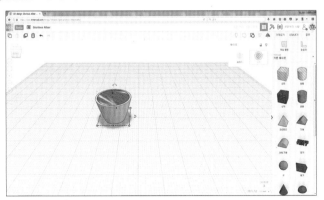

① 컵 안쪽 면을 없애기 위해 복사된 컵을 조금 작게 만듭니다.
② 다시 처음 컵과 같은 간격으로 겹쳐 놓습니다.

기본 쉐이프에서 컵 모양 편집하기 9

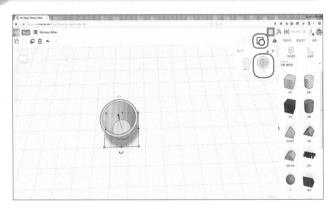

① 컵 안쪽 작은 컵을 구멍( )으로 만든 다음
모두 Group ( ) 을 선택하여 안쪽이 비어 있는 컵을 완성합니다.

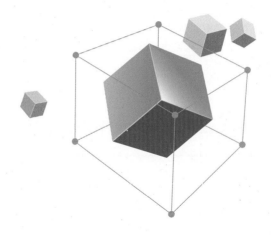

PART→ **22**차시

3D 모델링 프로그램
- 모델링 작업 (3)

22차시

3D 모델링 프로그램 - 모델링 작업 (3)

대주제 3D 프린터

핵심 단어 3D 프린터 모델링

영 역 3D 프린터 모델링 편집하기
(간단한 집 만들기)

01 활동 목표

틴커캐드 프로그램으로 간단한 집 모양을 만들고
3D 모델들을 정렬하는 방법을 알 수 있다.

02 활동 자료

3D 프린터 모델링 프로그램 틴커캐드

03 활동 방법

틴커캐드 프로그램으로 지붕이 있는 간단한 집 모양을
만들면서 편집활용방법을 실습해 봅시다.

틴커캐드를 활용하여 간단한 지붕이 있는 집을 만들면서 편집에 활용할 수 있는 Adjust 명령과 다른 명령들이 어떤 기능을 하고 있는지 확인할 수 있습니다.

🧊 틴커캐드 모양 만들기

01 새로운 3D 모델 준비

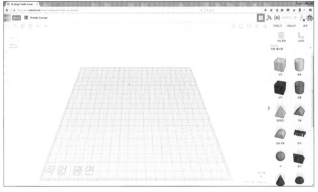

① 틴커캐드에 로그인하여 새로운 모델링 준비작업을 합니다.

02 집 구조물 만들 도형 가져오기

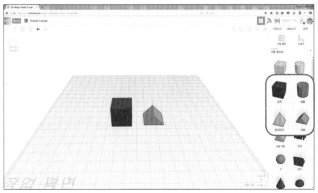

① 집 구조물 기본 3D 모델인 지붕과 본체 모양을 갖고 있는 도형 2개를 가져옵니다.

집 구조물 도형 편집하기

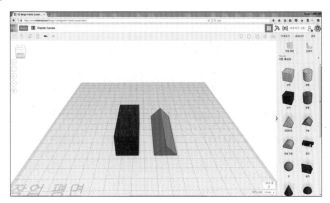

① 집 지붕과 아래 구조물을 알맞은 크기로 바꿔봅니다.

집 구조물 같은 크기 확인하기

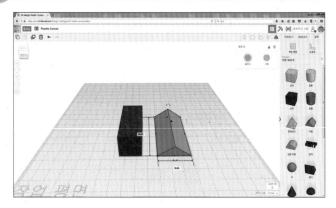

① 지붕의 크기가 아래 구조물 보다 커야 하기 때문에 서로의 크기를
　알아보려면 각 도형의 흰색 조절점으로 크기를 비교할 수 있습니다.
② 지붕의 크기를 같은 크기거나 좀 더 크게 조절해 봅시다.

지붕 올려 보기

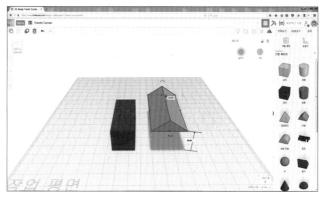

① 좀 더 커진 지붕을 아래 구조물 위에 올려 봅시다.

검은 원뿔 조절점으로 지붕을 띄우면 아래쪽에 높이가 나옵니다.

지붕 옮겨 보기

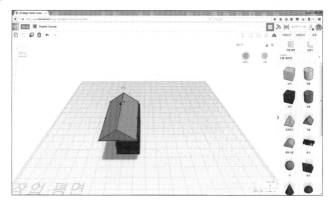

① 높이를 아래쪽 구조물 높이만큼 올리고 구조물 쪽으로
옮겨 봅시다.

지붕 맞춰보기 1 - 정렬(L)

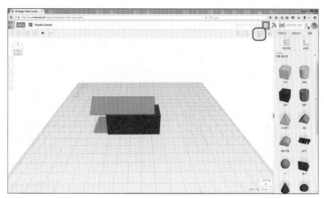

① 옮겨진 지붕은 옆쪽에서 보면 아래쪽 구조물과 정확한 위치에 있지 않습니다. 이것을 정확하게 맞추기 위해 **정렬** ▯(L)을 사용합니다.

지붕 맞춰보기 2 - 정렬(L)

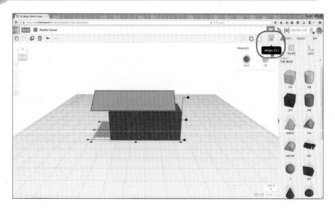

① 두 개의 모델을 모두 선택한 다음 위쪽 **정렬** ▯(L) 메뉴를 선택하면 두 개 모델을 정렬하기 위한 조절점이 보입니다.

지붕 맞춰보기 3 – 정렬(L)

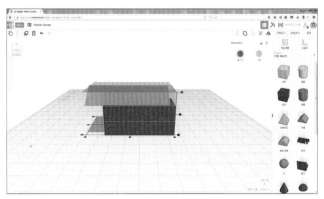

① 세 방향의 높이 정렬, 좌우 정렬, 상하 정렬 등 3가지 방향에
   맞게 나타납니다. 각 조절점에 마우스를 가져가면 두 개의
   모델이 어떻게 정렬되는 지 미리 보여줍니다.

지붕 맞춰보기 4 – 정렬(L)

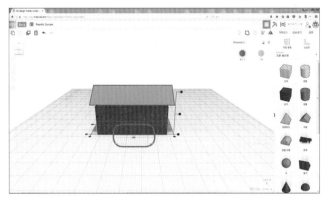

① 지붕과 아래쪽 구조물의 위치를 맞추려면 가로 방향의 3가지
   조절점에서 가운데 조절점을 선택하면 서로 위치의 가운데 옵니다.
   아래쪽에 **정렬(L)**이라고 표시됩니다.

11   지붕 맞춰보기 5 – 정렬(L)

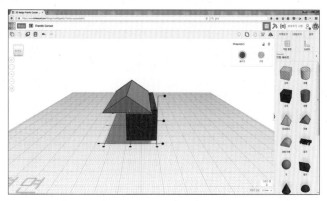

① 하지만 정면에서 보면 지붕이 왼쪽 또는 오른쪽 정확한
위치에 있지 않습니다.

12   지붕 맞춰보기 6 – 정렬(L)

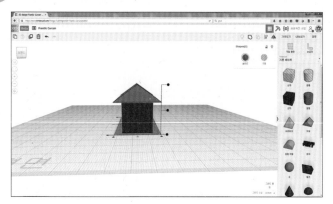

① 같은 방법으로 가운데 정렬 조절점을 선택하여
정확한 위치에 놓습니다.

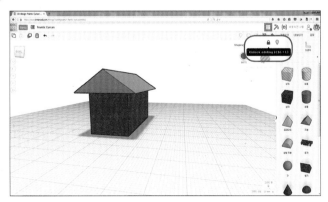

① 위 아래 왼쪽 오른쪽 모두 정확한 위치에 놓여 있는 것을
확인했으면 두 모델을 선택하고 메뉴에서 편집 잠금의
자물쇠(🔒)를 선택하여 작업하면서 바뀌지 않도록 정합니다.

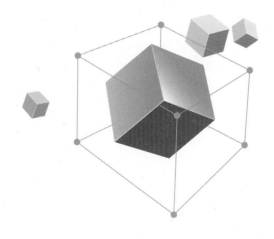

PART→ **23차시**

3D 모델링 출력하기 (1)

대주제

3D 프린터

핵심 단어

3D 프린터 모델 출력

영 역

3D 프린터 모델 출력하기

01 활동 목표

3D 프린터로 모델링한 파일을 USB에 저장하여
프린터로 출력할 수 있다.

02 활동 자료

3D 프린터 모델링 프로그램 틴커캐드

03 활동 방법

3D 프린터 모델링 파일을 3D 편집프로그램에서
USB로 내보내서 3D 프린터로 출력해 봅시다.

3D 모델링 파일을 3D 편집프로그램에서 편집하여 USB로 내보내어 저장하고, USB를 3D 프린터에 연결하여 출력해 봅시다.

🧊 3D 프린터 출력하기

01   **내가 만든 3D모델 가져오기 1**

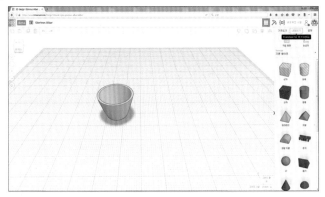

① 틴커캐드에 저장되어 있는 3D 모델링 파일 중 하나를 불러옵니다.

02   **내가 만든 3D모델 가져오기 2**

① 틴커캐드 메뉴에서 내보내기를 선택하면 다운로드 팝업 창이
열리고 다운로드할 3D 파일의 속성을 선택하도록 합니다.
(작업 평면에 있는 모든 것이나 그 중 하나만 선택해서
다운로드 가능합니다.)

내가 만든 3D모델 가져오기 3

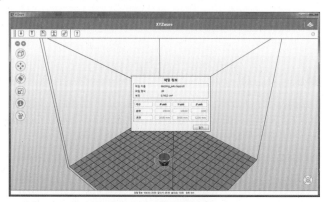

① STL 파일을 선택하면 브라우저 아래쪽 다운로드 된 파일이
확인됩니다. 다운로드 된 파일을 클릭하면 STL 파일과 연결된
3D 편집프로그램이 실행됩니다.

3D파일 편집프로그램 1

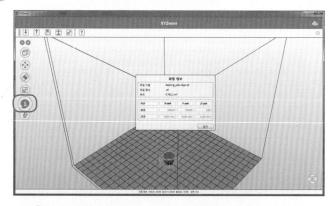

① 🛈 아이콘을 선택하여 현재 3D 모델의 부피를 알아봅니다.
부피에 따라 출력되는 시간을 생각하여 편집준비를 합니다.

3D파일 편집프로그램 2

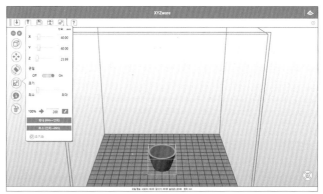

① 저자의 프린터 특성은 기본 출력 옵션을 기준으로 하여
20분 출력이 되는 3D 편집을 위해 **2배 크기**로 바꾸어 줍니다.

3D파일 편집프로그램 3

① **내보내기** 메뉴를 선택하여 최종 3D 프린터에 맞는 형식의
파일로 바꾸어 줍니다.

3D파일 편집프로그램 4

① 내보내기 팝업창이 열리면 PC에 USB를 연결하고
USB로 지정하여 저장합니다.

3D파일 편집프로그램 5

① 파일 슬라이싱(3D 모델을 한 층씩 나누는 작업) 작업이
진행됩니다.

3D파일 편집프로그램 6

① 편집한 3D 모델링 파일에 대한 정보를 보여주고 있습니다.

10   3D 프린터 전원 켜기

① 3D 프린터 전원 스위치 ON

11   3D 프린터 출력 준비 1

① 3D 프린터 베드에 출력물 고정을 위해 풀칠을 합니다.

12   3D 프린터 출력 준비 2

① 3D 프린터 패널메뉴에서 USB를 선택하고 출력파일을
선택합니다.

3D 프린터 출력 준비 3

① 3D 프린터 출력 확인 메시지가 보이면 확인을 선택하여
출력을 시작합니다.

3D 프린터 출력 준비 4

① 3D 프린터의 베드와 압출기의 온도가 올라가도록 합니다.
(플라스틱을 녹이는 시간)
② 베드가 일정한 온노가 되면 출력이 시작됩니다.

출력 시작

① 베드가 제일 위쪽으로 이동하고 압출기가 테스트 필라멘트와
베드 위치를 확인하고 움직입니다.

16 3D 프린터 출력 1

① 3D 프린터 베드와 압출기가 출력할 수 있는 온도까지 기다립니다.

17 3D 프린터 출력 2

① 한 층씩 쌓아가며 출력합니다.

18 3D 프린터 출력 3

① 3D 프린터 메뉴패널에서 어느 정도 출력되고 있는지 확인할 수 있습니다.

19 완성 1

① 베드가 아래쪽으로 내려갑니다.

20 완성 2

① 완성되면 메뉴패널에서 완성되었다는 메시지가 보입니다.
② 마지막으로 3D 출력물이 완성되었습니다.
③ 베드온도가 낮아지면 도구를 이용하여 꺼냅니다.

3D

PART→ **24**차시

3D 모델링 출력하기 (2)

24차시 3D 모델링 출력하기 (2)

대주제 3D 프린터

핵심 단어 3D 프린터 모델 출력

영 역 3D 프린터 모델 출력하기

. . . .

01 활동 목표

3D 프린터로 모델링한 파일을 선택에 따라 여러 가지
방법으로 출력할 수 있음을 알 수 있다.

02 활동 자료

3D 프린터 모델링 편집프로그램

03 활동 방법

3D 프린터 모델링 파일의 결과물이 여러 가지 선택에 따라
다른 결과물로 나오는 것을 확인해 봅시다.

3D 프린터 출력물을 좀 더 정확하게 출력하거나, 빨리 출력하도록 도움을 줄 수 있는 출력방법들에 대하여 알아봅시다.

🎲 3D 프린터 출력방법 선택하기 (서포트)

01 　　　　**서포트가 필요한 경우 1**

① 동상을 출력할 경우 오버행이라는 결과물로 결과물 주위에
　필요없는 출력물이 뻗어 나올 가능성이 있는 3D 출력물에 사용합니다.

02 　　　　**서포트가 필요한 경우 2**

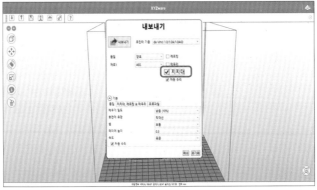

① 편집 프로그램에서 출력물 주위에 얇게 지지해 줄 수 있는
　것을 출력하는 방법을 선택할 수 있습니다. 내보내기에서
　지지대를 선택합니다.

03 서포트가 필요한 경우 3

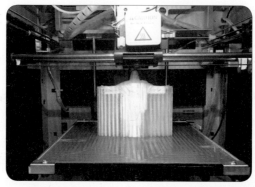

① 편집 프로그램에서 슬라이싱하게 되면 다음과 같이
　　뜯어 낼 수 있는 부분이 추가로 출력됩니다.

04 서포트가 필요한 경우 4

① 출력 후 에 서포트(지지대)
　　부분을 뜯어내어 다듬게 되면
　　오버행과는 다르게 깨끗한
　　출력물을 얻을 수 있습니다.

🧊 3D 프린터 출력방법 선택하기 (래프트)

01 　　　　　**래프트가 필요한 경우 1**

① 가끔 프린터 베드에
　출력물이 닿는 부분이
　너무 작게 되면
　3D 출력물이 엉킬 수
　있습니다.

02 　　　　　**래프트가 필요한 경우 2**

① 프린트 베드에 보다 더
　잘 붙을 수 있도록 해주는
　선택방법이 래프트입니다.

래프트가 필요한 경우 3

① 프린트 베드 쪽에 추가로 얇은 출력물이 있어 3D 프린터에서
제거할 때 잘 분리되도록 합니다.

래프트가 필요한 경우 4

① 결과물이 다음과 같이 나오면 래프트 부분을 제거하여
다듬습니다.

기타 3D 프린터 출력방법 선택하기
(채우기 밀도, 쉘, 레이어 높이)

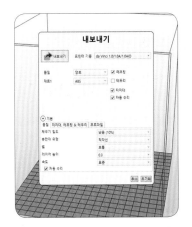

채우기 밀도라는 것은 3D 프린터의 안쪽을 채우는 방법에 따라 출력물의 단단하기를 정할 수 있습니다. 오른쪽으로 갈수록 더 많이 채워지고 단단해집니다.

3D 출력물의 쉘은 바깥쪽 표면의 단단하기를 선택합니다. 선택방법에 따라 얇음, 보통, 두꺼움이 있습니다. 얇음은 3D 출력물의 단단한 정도가 약하고 두꺼울수록 한 층씩 더 출력하여 단단해 집니다. 얇게 출력할 경우에는 전시용이고 두꺼울수록 생활에 활용하는 부분에 쓰면 됩니다.

レイヤー 높이는 한 층씩 쌓여가는 높이를 말합니다. 왼쪽부터 두꺼운 한 층의 높이입니다. 두꺼우면 빨리 출력하지만 레이어 높이가 낮은 출력물보다 자세히 출력하지 못합니다.

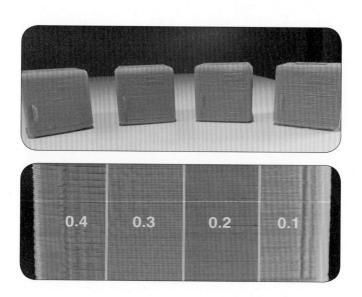

3D

3D 모델링 프로그래밍
- Beetle Block (1)

3D 모델링 프로그래밍
- Beetle Block (1)

대주제 3D 프린터

핵심단어 3D 모델링 프로그래밍

영역 3D 모델링 프로그래밍(Beetle Blocks)

01 활동 목표

Beetle Blocks 프로그래밍 언어의 기본적인 블록명령들을
이해 할 수 있다.

02 활동 자료

3D 모델링 프로그래밍 언어 Beetle Blocks

03 활동 방법

Beetle Blocks 프로그래밍 언어를 사용하기 위한 기본적인
블록명령들을 사용해 봅시다.

3D 프린터 모델링을 위해 프로그램을 활용하여 만들어 왔습니다. 이번시간부터 Beetle이라는 프로그래밍 언어를 사용하여 3D 모델링을 할 수 있는 방법을 배워 보도록 하겠습니다.

🔳 Beetle 프로그래밍 언어

3D 모델링 프로그래밍언어 홈페이지인 beetleblocks.com으로 이동하면 아래와 같이 보입니다. 프로그래밍 방식은 현재 많이 활용되고 있는 Block방식으로 프로그래밍 합니다.

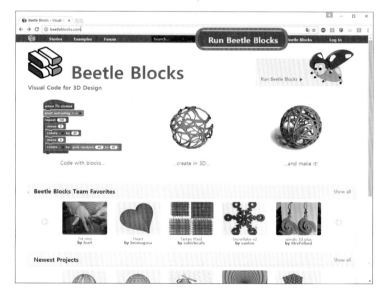

① 홈페이지 오른쪽 위 Beetle 그림 위에 있는
   Run Beetleblocks을 선택하세요.

Beetle Blocks 작업환경

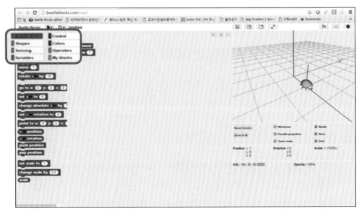

① Beetle Block 작업환경은 왼쪽에 8개의 블록 명령들이 있습니다. 가운데는 블록명령들을 연결하여 프로그래밍을 할 수 있는 곳입니다. 프로그래밍을 한 결과는 오른쪽 Beetle의 움직이는 것으로 확인할 수 있도록 되어 있습니다.

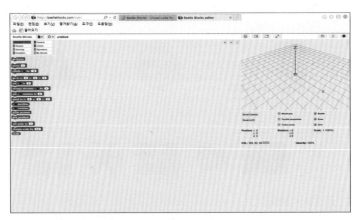

② Beetle Block의 블록 명령어들의 종류는 Motion(동작),Shapes (모양), Sensing(센서),Variables(변수),Controls(제어),Colors (색상),Operators(작동),My Blocks(내 블록)등으로 나눠집니다. 블록 종류에 따라 여러 개의 블록 명령어 들이 있습니다.

Beetle Blocks 기본 프로그래밍 이해

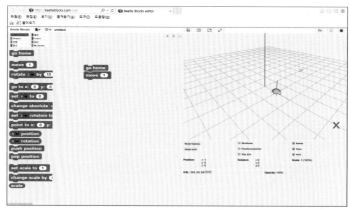

① Motions 블록은 오른쪽 결과 화면에 있는 작은 Beetle 모양을
3차원 공간(가로, 세로, 높이)에서 블록프로그래밍 한 만큼
움직인 위치를 확인할 수 있습니다.

예) 왼쪽 Motion 블록에서 go home 과 move 1 블록을 가져와 서로 연결
합니다. 연결 후 클릭하면 오른쪽 Beetle이 X(빨간색)방향으로 한 칸
이동한 결과를 볼 수 있습니다.

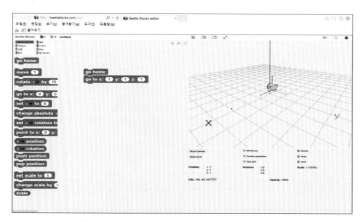

② 3D 모델링을 하기 위해 3방향으로 움직이는 Beetle을 확인하는
프로그램을 만들어 봅시다.

예) 왼쪽 Motion블록에서 Go home(비틀 처음위치), go to x:0, y:0, z:0
블록명령을 연결하고 각각 x:1, y:1, z:1로 숫자를 바꾸고 Beetle의
위치를 확인합니다.

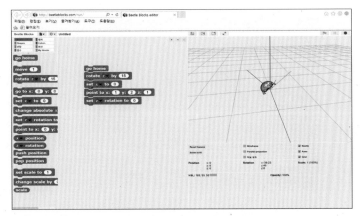

③ 기타 Motion 블록 명령 중에는 x, y, z축 방향 회전, x, y, z축 회전, 각 위치 고정, 바라보기 등 블록을 활용할 수 있습니다.

3D

PART→ **26차시**

3D 모델링 프로그래밍
- Beetle Block (2)

대주제	3D 프린터

핵심 단어	3D 모델링 프로그래밍

영 역	3D 모델링 프로그래밍(Beetle Blocks)

01 ▶ 활동 목표

Beetle Blocks 프로그래밍 언어의 프로그래밍 파일을 저장할 수 있다.

02 ▶ 활동 자료

3D 모델링 프로그래밍 언어 Beetle Blocks

03 ▶ 활동 방법

Beetle Blocks 프로그래밍 한 파일을 저장하는 방법을 확인할 수 있습니다.

3D 모델링 프로그래밍 작업 후에 프로그래밍 한 파일을 저장하기 위한 방법을 알아보도록 하겠습니다.

🧊 Beetle Block 한글 환경 바꾸기

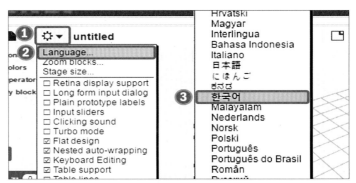

① Beetleblock 프로그램이 영문으로 되어 있어 한글로 바꾸어 작업해 보도록 하겠습니다. 우선 프로그램 왼쪽 위 **톱니바퀴 모양을 선택**하고 Language를 선택하여 **한국어를 선택**합니다.

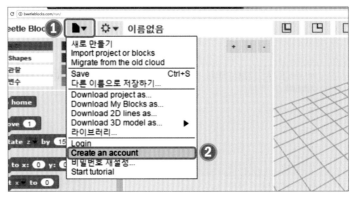

② Beetleblock 프로그램이 전체가 한글화 되지는 않았지만 많은 부분이 한글로 바뀌어서 쉽게 작업할 수 있는 환경으로 바뀌었습니다.

③ Beetle Block에서 프로그래밍 한 것을 저장하려면 크게 2가지 방법으로, 내가 쓰고 있는 PC에 저장하는 것과 Cloud에 저장하는 방법이 있습니다. Cloud를 활용하려면 클라우드 로그인 계정을 만들어야 합니다.

④ 새 문서 아이콘에서 **Create an account**를 선택하면 계정 만들기 페이지로 이동합니다.

 Beetle Blocks 계정만들기

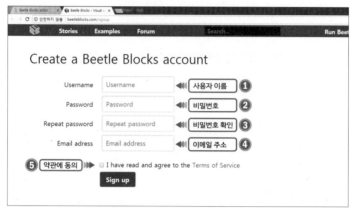

① 계정 만들기 팝업 창에 User Name(사용자 이름), 암호, 비밀번호
  확인과 본인을 인증할 E-mail address를 쓰고 아래 쪽 박스 약관에
  동의에 체크하고 가입을 선택합니다.
② 계정이 만들어진 화면을 확인할 수 있습니다.

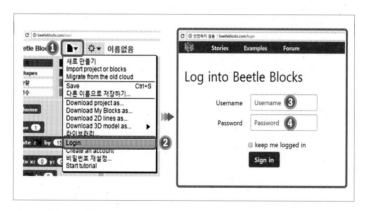

① 클라우드를 활용하기 위하여 **새 문서 아이콘**에서 **Login**을 선택
  하면 로그인을 위한 새로운 페이지가 열립니다.
  가입한 계정의 사용자 이름과 비밀번호를 입력합니다.
② 로그인 상태를 확인할 수 있습니다.

🟦 Beetle Blocks 프로그래밍 저장하기

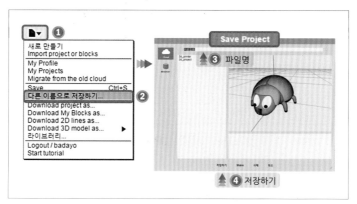

① 새 문서 아이콘에서 **다른 이름으로 저장하기**를 선택하면 Save Project 창이 열립니다. **Cloud**를 선택하고 파일명을 정하여 저장하기를 선택하면 현재 프로그래밍 하고 있는 파일이 Cloud에 저장됩니다.

🟦 Beetle Blocks 프로그래밍 불러오기

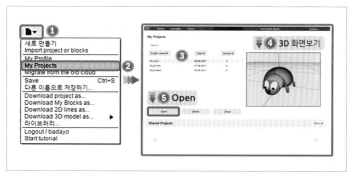

① 새 문서 아이콘에서 **My Projects**를 선택하여 저장된 내 블록 프로그램 페이지로 이동합니다.
② 저장된 페이지가 보이고 저장한 블록 프로그래밍 파일목록이 보이면 원하는 파일을 선택합니다.
③ 선택한 파일이 3D 화면보기로 확인되면 **Open**을 선택합니다.

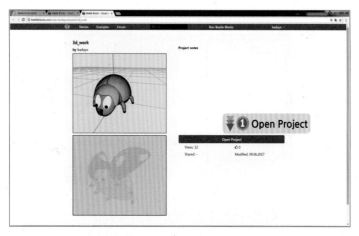

④ 선택한 3D 모델링 블록프로그래밍 파일화면에서 오른쪽
Open Project를 선택하여 프로그래밍 화면으로 불러와
편집하면 됩니다.

3D

3D 모델링 프로그래밍
- Beetle Block (3)

3D 모델링 프로그래밍 - Beetle Block (3)

대주제 3D 프린터

핵심 단어 3D 모델링 프로그래밍

영역 3D 모델링 프로그래밍(Beetle Blocks)

01 활동 목표

Beetle Blocks 프로그래밍 언어의 3D 모델링에 필요한 블록 명령어를 활용하여 프로그래밍 할 수 있다.

02 활동 자료

3D 모델링 프로그래밍 언어 Beetle Blocks

03 활동 방법

Beetle Blocks의 3D 모델링에 필요한 블록 명령들을 사용해 봅시다.

3D 모델링을 하기 위하여 관계있는 블록명령들을 실행 해 봅니다.

Beetle Block 프로그램에서 Shape 블록 명령

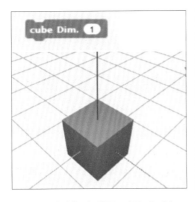

① Cube(정육면체)를 만들 수 있는 명령어입니다.
여기서는 정육면체의 길이를 숫자로 정할 수 있습니다.

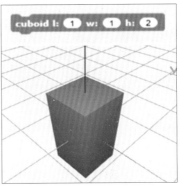

② Cuboid(직육면체)를 만들 수 있는 명령어입니다.
여기서는 직육면체에서 l:세로, w:가로, h:높이의 길이를 정할 수 있습니다.

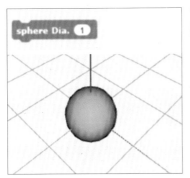

③ Sphere(구)를 만들 수 있는 명령어입니다. 여기서는 구(공) 모양을 만들기 위하여 모형의 반지름 크기를 정하여 크기를 바꿀 수 있습니다.

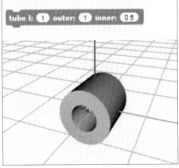

④ Tube(관)모양을 만들 수 있는 명령어입니다. 관의 길이(l), 관의 바깥지름(Outer), 안쪽지름(inner)을 정할 수 있습니다.

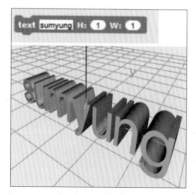

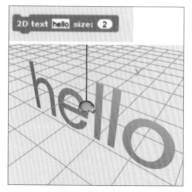

⑤ Text(3D 글자(영문))를 만들 수 있는 명령어입니다. 영문글자를 쓰고 글자의 높이(H)와 두께(w)를 정할 수 있습니다.

⑥ 2D Text(2D 글자(영문))를 만들 수 있는 명령어입니다. 영문글자를 쓰고 글자크기(size)를 정할 수 있습니다.

 3D 글자와 위치 바꿔 정육면체 만들어 보기

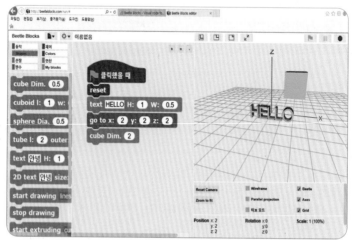

3D

PART→ **28**차시

3D 모델링 프로그래밍
- Beetle Block (4)

28차시

3D 모델링 프로그래밍 - Beetle Block (4)

대주제 3D 프린터

핵심 단어 3D 모델링 프로그래밍

영 역 3D 모델링 프로그래밍(Beetle Blocks)

---

01 활동 목표

Beetle Blocks 프로그래밍 언어의 3D 모델링에 필요한 블록 명령어를 동작블록명령과 함께 프로그래밍 할 수 있다.

02 활동 자료

3D 모델링 프로그래밍 언어 Beetle Blocks

03 활동 방법

Beetle Blocks의 3D 모델링에 필요한 블록 명령들을 동작(Move)블록 명령과 함께 사용해 봅시다.

3D 모델링을 하기 위하여 관계있는 블록명령들을 동작블록 명령을 활용하여 만들어 봅시다.

Beetle Block 프로그램에서 동작(Move) 블록 명령과 함께 사용하는 Shape 블록 명령

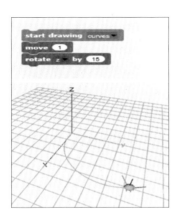

① Start drawing(lines, curves) 명령은 move(동작)블록 명령 (move, rotate)과 같이 사용하여 이동하면서 도형을 그리는 명령입니다.

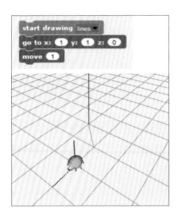

② Start drawing(lines, curves) 명령은 move(동작)블록 명령 (go to, move)과 같이 사용하여 이동하면서 도형을 그리는 명령입니다.

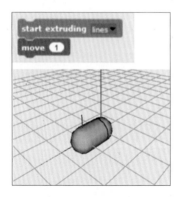

③ Start extruding(lines, curves) 명령은 튜브모양을 move(동작) 블록 명령(go to, move)과 같이 사용하여 이동하면서 도형을 그리는 명령입니다.

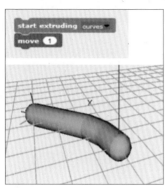

④ Start drawing(lines, curves) 명령은 move(동작)블록 명령 (go to, move)과 같이 사용하여 이동하면서 도형을 그리는 명령입니다.

 move와 drawing & extruding 명령 활용해 보기

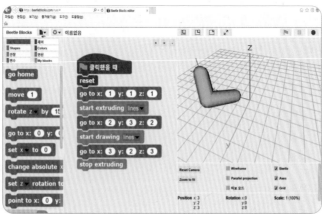

3D

PART→ **29**차시

3D 모델링 프로그래밍
- Beetle Block (5)

29차시 3D 모델링 프로그래밍 - Beetle Block (5)

대주제 3D 프린터

핵심 단어 3D 모델링 프로그래밍

영 역 3D 모델링 프로그래밍(Beetle Blocks)

01 활동 목표

Beetle Blocks 프로그래밍 언어로 간단한 프로그래밍을 해서 3D 모델링을 할 수 있다.

02 활동 자료

3D 모델링 프로그래밍 언어 Beetle Blocks, 예제 프로그램

03 활동 방법

Beetle Blocks의 3D 모델링하기 위한 프로그래밍을 해 봅시다.

3D 모델링의 예제를 보면서 어떻게 바뀌어 가는 지 확인 할 수 있습니다.

🧊 Beetle Block 3D 모델링 예제 1

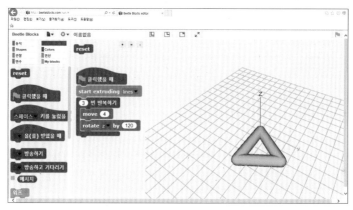

① Beetleblock 프로그램으로 튜브모양의 삼각형을 만들어 봅시다.
② Shape 블록명령 start extruding과 제어블록 반복문, 동작명령들을 활용하여 삼각형을 만들어 봅시다. curves를 선택하면 모서리가 매끄럽지 않고, line을 선택하면 깔끔하게 보입니다.

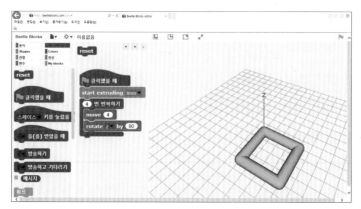

③ Beetleblock 프로그램으로 튜브모양의 사각형을 만들어 봅시다.
④ Shape 블록명령 start extruding과 제어블록 반복문, 동작명령들을 활용하여 사각형을 만들어 봅시다.

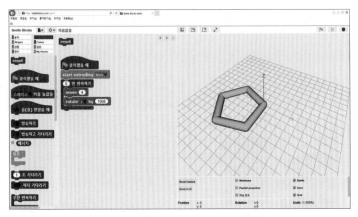

⑤ Beetleblock 프로그램으로 튜브모양의 오각형을 만들어 봅시다.
⑥ Shape 블록명령 start extruding과 제어블록 반복문, 동작명령들
을 활용하여 오각형을 만들어 봅시다.

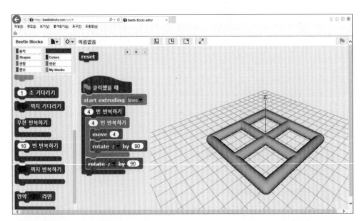

⑦ Beetleblock 프로그램으로 튜브모양의 4각형 4개를 만들어봅시다.
⑧ Shape 블록명령 start extruding과 제어블록 반복문 2개와, 동작 명
령들을 활용하여 사각형 네 개를 만들어 봅시다.

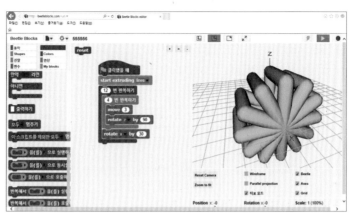

⑨ Beetleblock 프로그램으로 튜브로 겹쳐진 다른 모양 만들어 보기

⑩ Shape 블록명령 start extruding과 제어블록 반복문 2개와, 동작 명령들을 활용하여 튜브로 겹쳐진 다른 모양을 만들어 봅시다.

 위 3D 모양의 방향을 바꾸고, 새로운 값을 넣어 프로그래밍 해 봅시다.

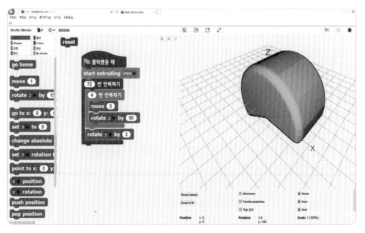

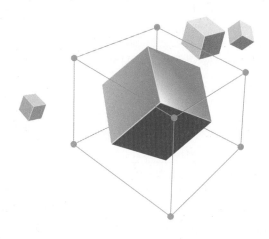

3D

3D 모델링 프로그래밍
- Beetle Block (6)

30차시　3D 모델링 프로그래밍
- Beetle Block (6)

대주제　3D 프린터

**핵심
단어**　3D 모델링 프로그래밍

영역　3D 모델링 프로그래밍(Beetle Blocks)

---

01 활동 목표

Beetle Blocks 프로그래밍 언어로 간단한 프로그래밍을 해서
3D 모델링 한 것을 3D 프린터로 출력할 수 있다.

02 활동 자료

3D 모델링 프로그래밍 언어 Beetle Blocks, 3D 프린터

03 활동 방법

Beetle Blocks로 3D 모델링을 하기 위한 프로그래밍을 하고
3D 프린터로 출력하여 봅시다.

3D 모델링으로 프로그래밍 한 것을 3D 프린터로 출력할 수 있습니다.

🧊 Beetle Block 3D 모델링 프로그래밍 프린터 출력 과정

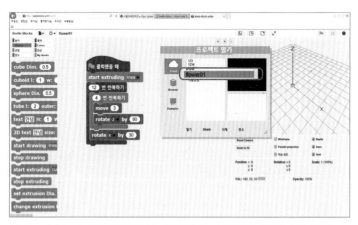

① Beetleblock 프로그램으로 제작한 3D 모델링파일을 불러온다.

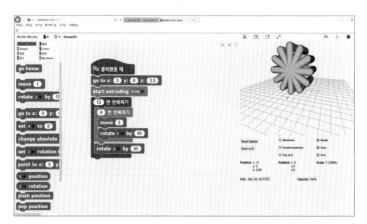

② 위치를 바꾸어 놓고 실행해 봅니다. 출력물을 z축(높이방향) 위에 오도록 합니다.

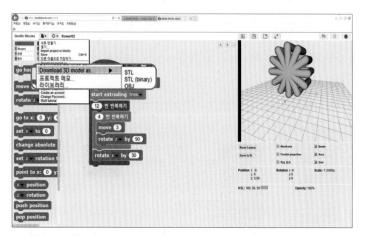

③ 새 문서메뉴에서 3D STL 파일로 바꾸기 위해 **Download 3D model as**를 선택합니다.

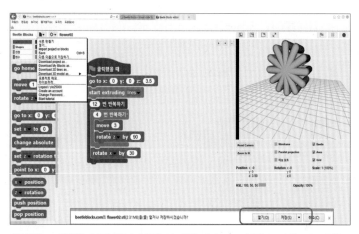

④ **STL** 파일을 선택하여 화면 아래쪽에 STL 파일로 다운로드 하는 메시지가 보이면 내 PC로 다운로드 합니다.

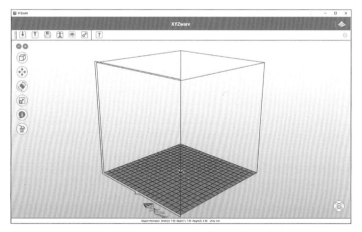

⑤ **열기**를 선택하면 작은 크기의 STL 파일이 있습니다.

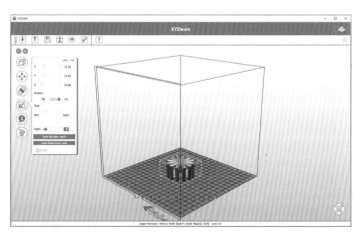

⑥ 원하는 크기로 편집합니다.

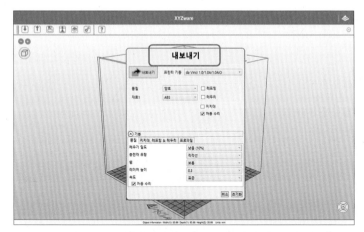

⑦ 편집이 끝난 후 3D 출력을 위한 마지막 슬라이싱 작업을 하여
파일을 만듭니다. **내보내기**를 선택합니다.

⑧ **파일 슬라이싱 중** 메세지가 뜨며 경과시간이 표시됩니다.

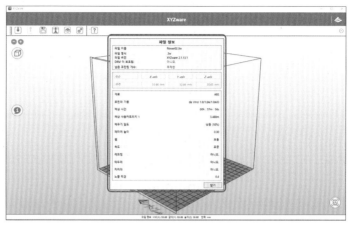

⑨ 최종 3D 출력파일에 대한 정보를 확인하고 3D 출력을 위해
USB에 저장합니다.

 23차시에서 배운대로 3D 프린터를 출력 해 봅시다.

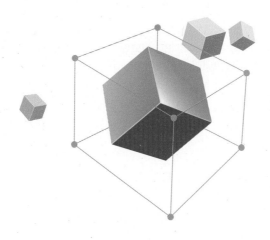

3D

3D 프린터의 미래

3D 프린터의 미래

대주제	3D 프린터

핵심 단어	3D 프린터

영 역	3D 프린터의 미래

01 활동 목표

미래의 3D 프린터가 어떻게 바뀌고 어떻게 활용 될 수 있을지 생각해 봅시다.

02 활동 자료

3D 프린터의 미래의 발전 모습

03 활동 방법

3D 프린터의 미래의 발전 모습을 사진자료를 통하여 생각해 봅시다.

3D 프린터가 미래에 어떻게 활용될 수 있고, 발전해 나가는지 알아봅시다.

3D 프린터는 해마다 구입할 수 있는 규모가 조금씩 늘어나고 있다고 합니다. 2020년에는 현재 3D 프린터보다 3배나 늘어난다고 합니다.

[사진 31-1]

새로운 3D 프린터 출력방법들이 등장합니다. CLIP라는 방법으로 3D 출력물을 만들게 된다면 지금 보다 100배나 빠르게 출력할 수 있다고 합니다.

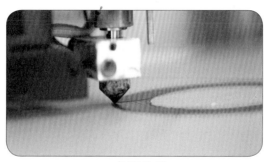

[사진 31-2]

아주 작은 물체를 3D 프린터로는 출력하기가 어렵습니다. 이러한 작은 물체크기를 갖고 있는 것을 가리켜 나노라고 표현합니다. 나노 3D 프린터는 탄소나노튜브와 같은 물질을 3D 프린터 필라멘트에 같이 섞어서 사용합니다.

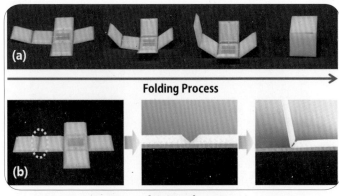

[사진 31-3]

3D 프린터는 3D 모델링을 한 파일 기준으로 똑같이 출력합니다. 여기에 4D 프린터라는 것이 새로이 연구되고 있습니다. 3D로 출력한 것은 거의 변하지 않은 물체지만 4D로 만들어진 물체는 온도와 압력이 어느 정도에 닿게 되면 스스로 모습을 바꿀 수 있도록 할 수 있답니다.

🧊 대기업의 3D 프린터 개발

애플이라는 회사는 스마트폰 기업입니다. 하지만 3D 프린터에도 관심이 높아 프린터 출력방법에 대한 특허도 받았다고 합니다. 애플의 3D 프린터를 볼 수 있게 되겠죠?

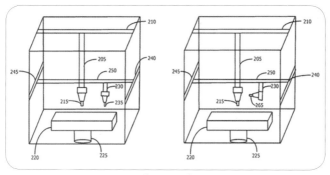

[그림 31-1]

[사진 31-4] 봇오브젝트 프로데스크 3D 보도자료

현재 보급용으로 많이 쓰이는 3D 프린터는 주로 한가지색만 표현할 수 있습니다. 미국의 **봇오브젝트**라는 회사에서는 위와 같이 여러 가지 색을 표현할 수 있는 3D 프린터를 만들 수 있습니다.

현재 2D 프린터로 많이 쓰고 있는 잉크젯 프린터 원리와 같이 서로 다른 C(Cyan):청색, M(Magenta):붉은색, Y(Yellow): 노란색, K(blacK):검정색, W(White):흰색을 사용합니다. 3D 프린팅을 할 때는 서로 색깔을 섞으면서 바로 출력할 수 있습니다.

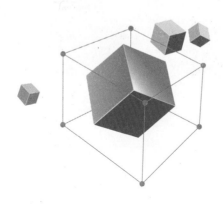

PART→ **32**차시

3D 프린터 역기능

32차시　3D 프린터의 역기능

대주제　3D 프린터

핵심 단어　3D 프린터의 역기능

영 역　3D 프린터의 역기능

01　활동 목표

3D 프린터를 이용하면서 불편한 것과 주의할 것을 찾아
정리해 볼 수 있다.

02　활동 자료

3D 프린터 활용의 단점 및 역기능 사진

03　활동 방법

3D 프린터 활용하는 것에 있어 잘못된 활용 사례를 확인해
보고, 올바르게 활용해야 할 태도를 글짓기로 정리 해 봅시다.

3D 프린터의 활용분야는 매우 많습니다. 하지만 올바르게 사용하지 못하는 경우를 생각해봅시다.

🧊 3D 프린터 사용 중 어려운 점

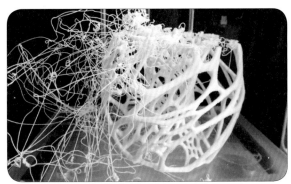

[사진 32-1]

3D 프린터는 많은 물건을 제작할 수 있지만, 사람들에게 3D 프린터가 가장 많이 바뀌길 바라는 부문이 무엇인지 물어 봤을 때, 3D 프린터 결과물의 품질이 좋아 졌으면 좋겠다고 합니다.

[사진 32-2]

사람들이 많이 쓰는 3D 프린터는 플라스틱 재질로 정해져 있어, 좀 더 많은 종류의 물건을 많드는 데에는 불편합니다.

[사진 32-3]

비싼 3D 프린터는 빠르게 출력할 수 있지만, 많이 사용하고 있는 값 싼 3D 프린터의 출력속도는 출력물을 기다리기에는 시간이 많이 걸립니다. 그래서 채워진 물건보다는 안쪽이 비어 있는 물건을 출력해보는 경우가 많습니다.

3D 프린터의 잘못된 활용

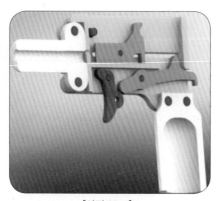

[사진 32-4]

3D 프린터로 여러 가지 물건을 제작할 수 있습니다. 하지만 위 사진처럼 사람들에게 피해를 줄 수 있는 것들을 제작한다면 많은 위험이 될 수 있습니다. 3D 프린터를 이용하여 범죄를 저지르는 프린트범죄(Printcrime)가 늘어 날 수 있습니다.

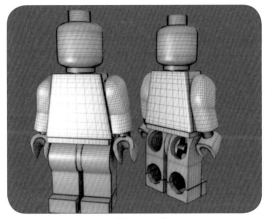

[사진 32-5]

스스로 만든 작품이 아니라 남몰래 파일만 가져가 출력해서 사용한다거나, 유명 회사의 제품을 내가 출력해서 남들에게 팔게 된다면 법을 위반하게 됩니다.

우리 생활에 유용하게 사용할 수 있는 3D 프린터를 올바르게 사용할 수 있어야 겠습니다.

3D 프린터를 올바르게 사용하기 위해 내가 가져할 태도를 위 내용을 참고하여 써 봅시다.

출처 및 참고사이트

[사진 3-4]	http://reprap.org/wiki/O penSLS
[사진 3-5]	https://www.dezeen.com/2008/03/09/diamond-chair-by-nendo
[사진 3-6]	http://www.farsoon.net/plastics-systems
[사진 3-10]	http://www.littlerp.com
[사진 3-12]	http://www.geeky-gadgets.com/diy-high-resolution-dlp-3d-printer-15-10-2010
[사진 3-13]	https://www.nasa.gov/topics/aeronautics/feature s/electron_beam.html
[사진 3-14]	https://www.nasa.gov/topics/aeronautics/feature s/electron_beam.html
[사진 3-15]	https://youtu.be/SsKrOlpdlZM
[사진 4-7]	http://matter.media.mit.edu/environments/details/g3dp
[사진 4-8]	http://m.blog.naver.com/PostList.nhn?blogId=cel sius5000
[사진 4-10]	http://www.huffingtonpo st.com/2015/03/01/3d-p rinted-organs-regenerati ve-medicine_n_6698606. html
[사진 5-1]	http://www.3disonprinter. com/product-chocosketch. php
[사진 5-2]	https://www.naturalmac hines.com/
[사진 5-3]	http://m.blog.naver.com/print3d/220314638975
[사진 5-4]	https://www.3dsystems.com/3d-printers/production/prox-950
[사진 5-5]	https://www.youtube.com/watch?v=TKkXRlli-aw&feature=youtu.be
[사진 5-6]	https://localmotors.com/3d-printed-car/)
[사진 5-7]	http://www.princeton.ed u/main/news/archive/S 36/80/19M40/index.xml? section=topstories
[사진 5-8]	http://www.3dprintingnews.co.uk/3dprinting-3/12-year-old-bone-cancer-patient-given-3d-printed-spine-implant/
[사진 5-9]	HP 프린터 배포 자료
[사진 5-10]	http://www.hidoc.co.kr/news/meta/item/C0000108493
[사진 5-13]	https://www.ge.com/stor ies/brilliantfactory
[사진 5-14]	https://dirkgorissen.com /2011/06/14/sulsa-flies/
[사진 5-15]	https://www.nasa.gov/co ntent/3d-printer-headed -to-space-station
[사진 5-16]	https://www.nasa.gov/mi ssion_pages/station/rese arch/experiments/1115. html
[사진 6-1]	http://blog.naver.com/PostView.nhn?blogId=gonali&logNo=220764788412&redirect =Dlog&widgetTypeCall=true
[사진 6-2]	http://www.thingiverse.c om/LeFabShop/about
[사진 6-5]	http://3dprinting.com/news/3d-printer-can-print-clothes/)
[사진 6-6]	http://www.yhbm.com/index.php?m=content&c=in dex&a=show&catid=68&id =65
[사진 6-7]	http://www.totalkustom.com/castle-by-3d-printer.html
[사진 6-8]	http://www.totalkustom.com/video.html

[사진 6-9]   http://www.totalkustom.com/castle-by-3d-printer.html)
[사진 6-10]   https://techcrunch.com/2014/08/08/turboroo-the-chihuahua-with-no-front-legs-
             can-walk-again-thanks-to-3d-printing/
[사진 6-11]   https://www.catersnews.com/stories/real-people/adorable-toddler-born-with-no-
             fingers-on-one-hand-receives-princess-prosthetic/
[그림 7-1]   https://www.google.com/patents/US5121329)
[사진 7-1]   http://reprap.org/wiki/Mendel)
[116p-사진]   https://blog.tinkercad.co m/2014/09/29/tinkercad -down-for-maintenance- today/)
[사진 31-4]   Kevin Lee ITechHive:www.itworld.co.kr/2013.5.28
             사상 첫 풀 컬러 3D 프린터 나온다... 10월 판매 '시작' 가격은 300만원대

3D 프린터 관련 추천 사이트(교재 외)

[3D 프린터 모델 제작을 위한 무료 모델링 공유사이트]

① Instructable(http://www.instructables.com/) : 전 세계의 3D 프린터 작품수준으로 참고 할 수 있고 만드는 과정을 수업형태로 참여할 수 있습니다.

② MyMiniFactory(https://www.myminifactory.com/) : 3D 프린터로 제작된 액세서리를 판매와 무료 모델링 소스를 받을 수 있습니다.

③ Youlmagine(https://www.youmagine.com/) : 3D 프린터 회사가 운영하는 사이트로 다양한 모델을 다운로드 받을 수 있습니다.

④ Yeggi(http://www.yeggi.com/) : 3D 프린터와 관련된 자료와 모델소스를 수집하여 결과로 제시해 주고 있습니다.

리틀빗으로 시작하는 IoT(사물인터넷)

간단한 리틀비츠의 조작을 통해
IoT의 기본적인 개념을
이해할 수 있는 교재!

– 이문호 지음

실천하는 교사, 깨어 있는 시민을 위한 교육사유

우리 교육의 문제,
깊게 파헤치고 따뜻하게 쓰다듬기

– 함영기 지음

통하는 학교 통하는 교실을 위한 교사 리더십

가르치는 모든 이들을 위한
이 시대 최고의 리더십 입문서!

– 함영기 지음

셀탁족을 위한 콕! 찍어보는 탁구비법 기초편

스스로 탁구에 대해 고민하고 연구하는,
탁구를 사랑하는 사람들을 위한 책

– 안국희 지음

내 아이 진로설계 부모가 먼저 세상을 읽어라

사회변화 10대 트렌드에 비춰본
유망직업과, 진로설계 10대 원칙을
담은 진로종합보고서!

– 오호영 지음

특수아동을 위한 임상미술치료

재활의학의 새지평을 열어낸
임상미술치료 입문서!
특수아동과 함께하는 모든이들의
필독 참고서

– 김선현 · 전세일 지음

대한민국 교육혁명 학교 선택권

스웨덴의 자유학교,
미국의 차터스쿨이
우리 공교육에 던지는 화두!

– 오호영 지음

행복경제디자인

관련한 업무를 담당해 온 저자가
우리나라 교육개혁의 시급함을
강조한 책!

– 오호영 지음

베트남새댁 한국밥상차리기

다문화가정의 음식문화 교감과
소통에 의한 행복지수 업그레이드!

– 한국다문화가정연대 지음